U0964641

白居易诗传

修订本

金涛声 著

JIN TAO SHENG

巴蜀书社

图书在版编目（CIP）数据

白居易诗传 / 金涛声著. —修订本. —成都：巴蜀书社，2022.9

ISBN 978-7-5531-1786-7

Ⅰ.①白…　Ⅱ.①金…　Ⅲ.①白居易（772—846）—传记　Ⅳ.①K825.6

中国版本图书馆 CIP 数据核字（2022）第 151189 号

白居易诗传（修订本）　　金涛声　著

责任编辑	康丽华
封面设计	冀帅吉
出　　版	巴蜀书社 成都市锦江区三色路 238 号新华之星 A 座 36 层 邮编：610023 总编室电话：(028)86361843
网　　址	www.bsbook.com
发　　行	巴蜀书社 发行科电话：(028)86361856
经　　销	新华书店
印　　刷	成都蜀通印务有限责任公司
版　　次	2022 年 9 月第 1 版
印　　次	2022 年 9 月第 1 次印刷
成品尺寸	210mm×148mm
印　　张	7
字　　数	175 千
书　　号	ISBN 978-7-5531-1786-7
定　　价	32.00 元

本书如有印装质量问题，请与工厂调换

目 录

一、思亲恋凤多离忧

白居易，字乐天，晚年自号香山居士，后人称他为“白香山”。

唐代宗大历七年（772），白居易诞生于郑州新郑县（今属河南）东郭宅。

白居易自称太原（今属山西）人。他的远祖为秦代名将白起。白起死后，秦始皇念其功，封其子白仲于太原，其子孙就成为太原人。白起以下二十八世孙白建从太原移家同州韩城（今属陕西），白居易曾祖白温又迁居于华州下邽（今属陕西渭南），因此白居易有时又自称下邽人。他的祖父白锽长期在河南做地方官，于是移家新郑，白居易就出生于新郑，幼年随家庭在新郑生活，后迁往父亲白季庚任职的徐州，寓居于属县符离（今属安徽宿州）。

白居易生活在唐代中期，大唐帝国经过十年安史之乱之后，已经逐步走上下坡路。中央政权日渐削弱，藩镇拥兵割据，对抗朝廷，局势大有此起彼伏之势，朝廷与反叛藩镇之间长期不断的战争，弄得许多地区民不聊生，哀鸿遍野。白居易十一岁至十二岁的时候，即建中三、四年间（782—783），河南一带发生了朱泚、李希烈叛乱。《旧唐书·德宗本纪》记载：建中三年“李希烈自称天下都元帅、太尉建兴王，与朱滔等四盗胶固为逆”。《旧唐书·李希烈传》云："希烈遣其将袭陷汝州，执李元平而去……又遣逆党董待名、韩霜露、刘敬宗、陈质、翟晖等五人伺外，侵抄州县，官军皆为其所败。"新郑周围战火弥漫，生灵涂炭，白居易全家只得东迁避难，移居白季庚的任所徐州，安顿在符离埇口。白居易《宿荥阳》一诗中说："生长在荥阳（此以旧郡名指称新郑县），少小辞乡曲。"就是指这一段经历。

其实徐州一带前一段也是战火绵延。白居易父亲白季庚，时任彭城县令。他为徐州抵御叛乱，归顺朝廷，立了一功，使局势得以暂时稳定。

> 建中元年，授彭城县令。时徐州为东平所管。属本道节度使反。反之状，先以胜兵屯埇口，绝汴河运路，然后谋东窥江淮。朝廷忧虞，计未有出。公与本州刺史李洧潜谋，以徐州及埇口城归国，反拒东平。东平遣骁将信都崇敬、石隐金等，率劲卒二万攻徐州。徐州无兵，公收合吏民得千余人，与李洧坚守城池，亲当矢石，昼夜攻拒，凡四十二日，而诸道救兵方至。既而贼徒溃，运路通，首挫逆谋，不敢东顾。由是徐州一郡七邑及埇口等三城到于今讫不隶东平者，实李洧与公之力也。德宗嘉之，命公自朝散郎超授朝散大夫，自彭城令擢拜本州别驾，赐绯鱼袋，仍充徐泗观察判官。
>
> ——《襄州别驾府君事状》（节录）

白居易这篇状文，详细记载了父亲白季庚奋力抗击叛军，保卫徐州，确保江淮漕运畅通的事迹：彭城本属徐州，徐州又是东平节度使管辖区。当时东平节度使李纳自称齐王，反叛朝廷。李纳先屯兵漕运要地埇口，断绝汴河连接江淮的漕运通道，然后图谋占据江淮地区。白季庚说服徐州刺史李洧以徐州及埇口归顺朝廷，反对李纳叛逆。李纳派遣两万劲卒攻打徐州城。徐州城内没有兵力，白季庚就组织吏民千余人，与李洧一起坚守城池，亲临前线，昼夜抵御叛军进攻，坚持了四十二天。待朝廷派的各道救兵来到，终于击溃叛军，保证了江淮漕运的畅通。白季庚因此受到朝廷嘉奖，晋升为徐州别驾。

徐州地区虽然保住了，然而北方的局势还是很不稳定，各地藩镇拥兵叛乱，烽烟四起。白季庚任徐州别驾，必须坚守岗位。为了孩子的安全，他就把白居易送到江南去避难，弟弟白季康在溧县做县令，还有其他一些族亲在江南居官。白居易在贞元元年（785），即十四岁时，就离开符离，到江南去了。

白居易一个人在江南寄居，自然思念家乡亲人。在他的诗集中保存有这期间写的几首怀乡思亲的诗。

故园望断意何如，楚水吴山万里余。今日因君访兄弟，数行乡泪一封书。

——《江南送北客因凭寄徐州兄弟书》

此诗题下作者原注："时年十五。"这是作者保存下来的最早的一首诗，作于贞元二年（786）。当时白居易送客北上，托客捎回一封家信给徐州的兄弟，诗中抒写殷切思念之情。诗的前两句写自己遥望家乡而为万里山水阻隔，望而不见，无可奈何。后两句直接对远方的亲人说：正好今天有熟人北上，托付他去拜访你们，我流着眼泪写下这封家信。作者挥泪修书，怀乡思亲之苦，尽在如注的泪水之中。

时间一年又一年过去，回家依然遥遥无期。

满眼云水色，月明楼上人。旅愁春入越，乡梦夜归秦。道路通荒服，田园隔虏尘。悠悠沧海畔，十载避黄巾。

——《江楼望归》

此诗题下作者原注："时避难在越中。"抒写作者登楼望归的心情：眼前是云水一色的美景，倚楼远望之人却无心欣赏。越地春色尽管美好宜人，旅居他乡总要梦归故里。南北道路虽然通达，却因家园上空硝烟弥漫，有家不能归去。在这悠悠沧海之畔，年复一年地躲避叛乱，怎能不思乡念亲？

感时思弟妹，不寐百忧生。万里经年别，孤灯此夜情。病容非旧日，归思逼新正。早晚重欢会，羁离各长成。

——《除夜寄弟妹》

每逢佳节倍思亲。除夕之夜，孤灯独坐，想到与弟妹已离别经年，作者无法入睡：在这辞旧迎新的时刻，不知弟妹是否安然无恙？分离的日子还会持续多久？将来重逢时看到各自在离散中都长大成人了，不知会做何感想？

贞元四年（788），白季庚徐州任满，迁官大理少卿兼衢州（今属浙江）别驾，到衢州任职。白居易就随从父亲到衢州，而后开始在江浙一带漫游。他先后到过桐庐、杭州、苏州等地。

夜半樟亭驿，愁人起望乡。月明何所见，潮水白茫茫。

——《宿樟亭驿》

樟亭驿，是杭州钱塘江边的一个渡口，也是观钱塘潮的一个好地方。白居易到杭州，夜宿樟亭驿馆，半夜起来遥望家乡，潮汛到来，只看见白茫茫一片。他对钱塘观潮并没有多少兴致，而是思乡念亲之情使他难以释怀。

白居易在杭州和苏州，耳闻目睹房孺复和韦应物风流儒雅的刺史生活，油然产生了仰慕之心。

贞元初，韦应物为苏州牧，房孺复为杭州牧，皆豪人也。韦嗜诗，房嗜酒，每与宾友一醉一咏，其风流雅韵，多播于吴中，或目韦、房为诗酒仙。时予始年十四五，旅二郡，以幼贱不得与游宴，尤觉其才调高而郡守尊，以当时心言，异日苏、杭苟获一郡，足矣。

——《吴郡诗石记》（节录）

白居易此文，忆述当年旅游苏、杭的心情。当听到苏州刺史韦应物、杭州刺史房孺复以诗酒风流于吴中，他不禁仰慕其才调高雅和地位尊严，便暗暗立下誓言：将来自己若得为苏、杭一州之长，就心满意足了。

贞元七年（791）之初，白居易从江南回到徐州符离埇口的家里，埋头读起书来。

贞元八年（792），白季庚改任襄阳（今属湖北）别驾。白居易伴送母亲到了襄阳，在那里继续攻书。襄阳的名胜古迹、名人逸事很多，有西晋名宦山简的饮酒地高阳池，有纪念西晋名将羊祜的堕泪碑，有三国诸葛亮高卧的隆中山，有盛唐诗人孟浩然隐居过的鹿门山，等等。白居易并没有到处游览，只访问过孟浩然的故里。

楚山碧岩岩，汉水碧汤汤。秀气结成象，孟氏之文章。今我讽遗文，思人至其乡。清风无人继，日暮空襄阳。南望鹿门山，蔼若有余芳。旧隐不知处，云深树苍苍。

——《游襄阳怀孟浩然》

白居易因为爱孟浩然的诗歌，来到他的家乡游览。看到楚山碧峰巍峨，汉水碧波浩荡，他才感到原来是这里的山水灵秀，造就了孟氏的清丽文章。可惜如今没有人继承这种清风，黄昏中只见一个空荡荡的襄阳。南向鹿门山遥望，仿佛还有蔼蔼余芳。不知孟浩然当年隐居于何处，只见前方一片云树苍苍。诗人感到茫然无所从，内心产生一种不能与先贤同游的遗憾。

贞元十年（794）五月二十八日，父白氏季庚病故于襄阳任所，享年六十六岁。当时家人没有财力把灵柩运回原籍安葬，只得将灵柩权窆于襄阳县东津乡南原。父亲后事料理停当之后，白居易就和家人一起回到徐州符离，过起了丁忧（守孝）生活。直到贞元十三年（797）除服，他始终没有离开过符离埇口。

白居易在符离的这三年里，除了刻苦读书之外，还情窦初开，与一位邻女发生了一段恋爱故事。

娉婷十五胜天仙，白日姮娥旱地莲。何处闲教鹦鹉语，碧纱窗下绣床前。

——《邻女》

这位十五岁的妙龄少女，长得天仙一般，美似天上嫦娥、地上牡丹。她的一举一动都牵动白居易的心，她在碧纱窗下教鹦鹉学语，白居易也要前去窥视一番。这位可爱的邻家女孩，就是白居易的初恋情人。

两情相悦，朝夕相处，两人很快坠入情网，成为热恋的情侣，以至山盟海誓，愿结连理。

中庭晒服玩，忽见故乡履。昔赠我者谁，东邻婵娟子。因思赠时语，特用结终始。永愿如履綦，双行复双止。

——《感情》（节录）

后来白居易在江州家中中庭晾晒服玩时，看到一双从家乡带来的鞋子，想起东邻美女送鞋给自己时说的情话："永愿如履綦，双行复双止。"邻女说：希望我们就像鞋子和鞋带一样形影不离，更愿意像一双鞋子一般同行同止。可见当年两位恋人山盟海誓，希望永结同心，白头偕老。

贞元十四年（798），白居易为了生活，为了前程，不得不离开符离出游。他先把母亲送到洛阳，安顿在亲戚家中，然后再下江南。不久前，长兄白幼文赴任饶州浮梁县主簿，他准备前往浮梁探望长兄。

明月满江浦，愁人卧孤舟。烦冤寝不得，夏夜长于秋。苦乏衣食资，远为江海游。光阴坐迟暮，乡国行阻修。身病向鄱阳，家贫寄徐州。前事与后事，岂堪心并忧？忧来起长望，但见江水流。云树蔼苍苍，烟波淡悠悠。故园迷处所，一念堪白头。

——《将之饶州江浦夜泊》

在往饶州浮梁的行舟途中，白居易愁卧孤舟，为家庭生计问题思前想后，心情烦躁，彻夜难以安眠，只有起来面对江水烟波，长望故园。

白居易此时的心情不好，除了“苦乏衣食资”的家庭经济困难之外，对恋人的相思也是一个重要原因。

泪眼凌寒冻不流，每经高处即回头。遥知别后西楼上，应凭栏干独自愁。

——《寄湘灵》

与白居易相恋的邻女名叫湘灵。自从离别之后，诗人一直思念着她，夏去秋来，秋去冬来，思绪绵延不绝。他每每登临高处，就禁不住要回头远望，以至泪流满面，泪水被寒气冻结在脸上，因为他知道湘灵肯定也一直在西楼上凭栏独自愁苦。

九月西风兴，月冷露华凝。思君秋夜长，一夜魂九升。二月东风来，草坼花心开。思君春日迟，一日肠九回。妾住洛桥北，君住洛桥南。十五即相识，今年二十三。有如女萝草，生在松之侧。蔓短枝苦高，萦回上不得。人言人有愿，愿至天必成。愿作远方兽，步步比肩行。愿作深山木，枝枝连理生。

——《长相思》

这首诗是用代言体形式抒写女方对情人的思念，把湘灵“应凭栏干独自愁”的心思发挥得淋漓尽致。这里边包含着她的相思、她的担心、她的心愿。她秋夜思君，一夜魂九升，春日思君，一日肠九回，终年心烦意乱，难以安身。她担心自己地位低下，如生长在高松旁的女萝草，无望攀上高枝大树。但她并不死心，相信“人言人有愿，愿至天必成”，老天爷会成全他们。她心愿作比肩兽，雌雄步步同行；心愿作深山木，树干和树枝始终连理并生。这些是湘灵的所思所想，也是白居易自己的愿望。从诗中表达的深深祈愿看，二人爱情阻力重重，前景令人担心。

花非花，雾非雾。夜半来，天明去。来如春梦几多时，去似朝云无觅处。

——《花非花》

艳质无由见，寒衾不可亲。何堪最长夜，俱作独眠人。

——《冬至夜怀湘灵》

如花似雾，飘飘欲仙，夜半始来，天明即去。来如春宵美梦，去似朝霞消逝长空。两人美好而又短暂的幽会，使他难以忘怀。如今思伊人而不见，衾寒独处，令人长夜难以入眠，可见两人如胶似漆的亲密关系。可是这样一对痴情相爱的恋人，经过离多聚少的十来年坚持，最终也未能结成伉俪。下面的两首诗，透露了其中的缘由。

食檗不易食梅难，檗能苦兮梅能酸。未如生别之为难，苦在心兮酸在肝。晨鸡再鸣残月没，征马连嘶行人出。回看骨肉哭一声，梅酸檗苦甘如蜜。黄河水白黄云秋，行人河边相对愁。天寒野旷何处宿，棠梨叶战风飕飕。生离别，生离别，忧从中来无断绝。忧极心劳血气衰，未年三十生白发。

——《生别离》

这是一种被迫的离别，令人悲苦不堪。在鸡鸣月落的清晨，两人深情哭别，虽然痛苦也感甜蜜。水白云黄，天寒野旷，行人独自走向远方。生离别，生离别，忧愁如水不断流。愁多伤心损血气，令人不满三十白了头。

不得哭，潜别离。不得语，暗相思。两心之外无人知。深笼夜锁独栖鸟，利剑春断连理枝。河水虽浊有清日，乌头虽黑有白时。唯有潜离与暗别，彼此甘心无后期。

——《潜别离》

这是偷偷地诀别，不能哭，不得语，两心之外无人知。唐代门第等级森严，门户不当，家长是不允许子女谈婚论嫁的。“深笼夜锁独栖鸟，利剑春断连理枝”，白居易和湘灵两人的关系是由外力强行拆散的。白居易母亲以门第不般配的理由，断然拒绝了他与湘灵结合的要求，并且不准他们再有来往。因此他们只有潜离暗别，无法可想，从此也就后会无期。难怪白居易后来对此事感叹不已。

惆怅时节晚，两情千里同。离忧不散处，庭树正秋风。燕影动归翼，蕙香销故丛。佳期与芳岁，牢落两成空。

——《感秋寄远》

这首诗约作于贞元二十年（804），此时白居易已经 33 岁，仍未结婚。他虽然身在长安，依然想念远在符离的湘灵，两人虽时空相隔，而千里同心，离忧始终不散。然而迫于家庭重压难以如归燕一样展翅南飞，只有让蕙香消失于故丛。白居易怅恨时节已晚，一切无可挽回，无奈发出了近乎绝望的哀叹：婚嫁佳期与美妙年华都已付之东流，连理之梦如烟云消散落得一场空！

在白居易的心里，这位初恋情人成了他久久难以忘怀的思念。

我有所念人，隔在远远乡。我有所感事，结在深深肠，乡远去不得，无日不瞻望。肠深解不得，无夕不思量。况此残灯夜，独宿在空堂。秋天殊未晓，风雨正苍苍。不学头陀法，前心安可忘？

——《夜雨》

多年以后，在孤灯秋雨的夜晚，白居易还在思念自己的初恋情人：我有思念的人啊，相隔在遥远异乡。我有感怀的事啊，深结在九曲愁肠。乡远不得回去，每日只有徒然张望。愁深无法化解，每夜只有独自思量。何况在此孤灯长夜，独自一人对坐空堂。冷落清秋尚未来到，窗外风雨竟已苍苍。若不学那四大皆空的佛教修行之法，刻骨铭心的初恋之情怎能相忘？

初恋未果，刻骨铭心，这是人生难以释怀的“长恨”（遗恨）。此恨绵绵，以至影响诗人后来《长恨歌》的创作构思。

白居易在早年的感情生活上虽然并不如意，但他追求仕进的努力也没有松懈。

贞元十五年（799）春天，白居易由浮梁千里迢迢赶回洛阳，任务是从白幼文处“负米而还乡”，以归养母亲。他回到河南，看到这一带刚刚经历过战乱，田园荒芜，民不聊生。他一人在洛阳侍奉母亲，而兄长弟妹都离散四方。在一个明月之夜，他孤苦难眠，想到这些年来自己身受的流离之苦，想到家业的败落、亲人的离散，不禁感慨万千，挥笔写下《自河南经乱，关内阻饥，兄弟离散，各在一处。因望月有感，聊书所怀，寄上浮梁大兄、於潜七兄、乌江十五兄，兼示符离及下邽弟妹》一诗：

时难年饥世业空，弟兄羁旅各西东。田园寥落干戈后，骨肉流离道路中。吊影分为千里雁，辞根散作九秋蓬。共看明月应垂泪，一夜乡心五处同。

连年的战乱和灾荒，祖传的家业已荡然一空，兄弟姊妹各奔东西，流散在四面八方。故乡田园历经兵灾，已经一片荒芜。同胞骨肉流离异乡，都在漂泊途中。兄弟离散，如同失群的孤雁，只能吊影自怜；亲人背井离乡，如同离根的蓬草，任随秋风飘荡。此时此刻，离散在各地的兄长弟妹共对一月，望月思乡，情同此心，一样都会潸然落泪！

同年秋天，白居易奔往宣州，在那里参加“乡试”，被宣州刺史崔衍录取，得以贡举进士考试。唐代进士考试的习惯，一般是从前一年初冬开始，到第二年春季完成，贡生初冬就要聚集长安。白居易在宣州考完以后，回到洛阳省视母亲，然后就奔往长安。

贞元十六年（800）正月，白居易在长安准备进士考试，因为一个人孤独无助，前途未卜，心事重重。

喧喧车骑帝王州，羁病无心逐胜游。明月春风三月夜，万人行乐一人愁。

——《长安正月十五》

京城的元宵节万人行乐，热闹非凡，而白居易却愁绪满怀，无心出游。他后来在《与元九书》中追述过当年的处境：“初应进士时，中朝无丝麻之亲，达官无半面之旧，策蹇步于利足之途，张空拳于战文之场。”意思是说：他刚参加进士考试的时候，朝廷里连一个远亲都没有，达官中也没有一个略为相熟的朋友，自己拖着跛脚和那些腿脚麻利的人们赛跑，一个人赤手空拳走进比赛文章的战场。他感到自己在朝中无亲无故，孤立无援，及第的希望渺茫，因而愁苦不堪，连元宵节也无心游乐。

轩车歌吹喧都邑，中有一人向隅立。夜深明月卷帘愁，日暮青山望乡泣。风吹新绿草牙拆，雨洒轻黄柳条湿。此生知负少年春，不展愁眉欲三十。

——《长安早春旅怀》

直到春天进士考试之前，白居易的愁情一直驱之不散。在京城人来车往、歌舞欢天的环境里，却有一个人面对墙角而立，身边没有亲人、没有朋友，孤苦伶仃。这个人是谁呢？当然是白居易自己。愁绪萦怀，深夜里明月当空，都懒得动手卷帘看看；傍晚时日落青山，情不自禁会望乡哭泣。和风吹过，草发新绿；雨洒江天，柳枝轻黄。一年的早春来到了，想想自己不再青春年少，很快就到而立之年，却尚无所成，此生真是辜负了大好春光。诗人在愁绪中透露了对前途的焦虑之情。

值得庆幸的是，白居易此次参加进士考试，一举登第。二月十四日发榜，白居易以第四名得中进士，同榜及第的十七人中，他最年少。随后，白居易东去洛阳，归家向母亲报喜。他在家中没有停留多久，便南下宣城，前去拜谢崔衍的“贡举”之情。他在《叙德书情四十韵上宣歙崔中丞》一诗中说：“身忝乡人荐，名因国士推。提携增善价，拂拭长妍姿。……擢第名方立，躭书力未疲。磨铅重刿割，策蹇再奔驰。相马需怜瘦，呼鹰正及饥。扶摇重即事，会有答恩时。”崔衍时任宣歙观察使，白居易一方面对他的荐举表示感激之情，另一方面也希望他继续提携自己。考中进士，仅仅是一个进入仕途的起点，进士还要通过吏部的考选，才能授予官职。

同年夏天，白居易从江南回到符离，居家准备吏部考试。

贞元十八年（802）秋冬之际，白居易离开符离，入太行山，到河北一带漫游，先后到了冀县、滑县、邯郸等地，然后再奔长安参加吏部考选。

> 天冷日不光，太行峰苍莽。尝闻此中险，今我方独往。马蹄冻且滑，羊肠不可上。若比世路难，犹自平于掌。
>
> ——《初入太行路》

太行山起自河南济源，东北走经晋城、平顺、潞城等县，入河北境内。白居易初入太行山，已是初冬时节。天气寒冷，日色朦胧，只见山峰林木苍莽深邃。原来读曹操诗《苦寒行》中说：“北上太行山，艰哉何巍巍！”如今白居易独自进入太行山，总算体会到其中的艰难了。道路又冻又滑，羊肠坂艰险难上。人生的道路更加艰难，比较起来翻山越岭还是易如反掌。

诗人在太行山里跋涉，感叹山高路险，更感叹人生旅程的艰难。他后来在《朱陈村》一诗中，这样描述自己十多年来南北奔波的经历。

忆昨旅游初，迨今十五春。孤舟三适楚，羸马四经秦。昼行有饥色，夜寝无安魂。东西不暂住，来往若浮云。离乱失故乡，骨肉多散分。江南与江北，各有平生亲。平生终日别，逝者隔年闻。朝忧卧至暮，夕哭坐达晨。悲火烧心曲，愁霜侵鬓根。一生苦如此，长羡陈村民。

诗人十多年来，为了生计，为了前程，几经走南闯北，奔走于楚、秦各地，过着食不果腹、夜难安寝的贫困生活。离乡背井，兄弟骨肉四散。纵然南北各地有一些亲友，也只能做短暂停留。这几年还常常听到亲属逝世的消息，更令人朝忧夕哭，悲火烧心，弄得鬓发都白了许多。

这就是诗人当年生活的写照。“这种生活，虽然较苦，但对诗人却是一种很好的锻炼，扩大了他的视野，密切了他和广大劳动人民思想感情的联系，为尔后写出大量反映民间疾苦的诗文打下了广泛的社会生活基础。”（王汝弼选注《白居易选集》前言）自身经历了贫困，就更能理解百姓的贫困。正因为如此，黎民百姓的贫困，成了诗人一生的牵挂，对民生的关切，也成了他笔下一个常在的主题。

二、勤敏苦学求仕进

仆始生六七月时，乳母抱弄于书屏下，有指“无”字、“之”字示仆者，仆虽口未能言，心已默识。后有问此二字者，虽百十其试，而指之不差。则仆宿习之缘，已在文字中矣。及五六岁，便学为诗。九岁，谙识声韵。

——《与元九书》

夫人亲执诗书，昼夜教导，循循善诱，未尝以一呵一杖加之。

——《襄州别驾府君事状》

白居易从小聪慧，与文字有缘。他出生六七个月的时候，奶妈抱他在字画下玩耍，有人指“无”字和“之”字让他看，他虽然嘴巴还不会说，却默默记在心里。以后有人问他这两个字，即使试验一百次，他也能准确地指认出来。到了五六岁，他便学习作诗。九岁，已经完全懂得声韵。白居易父亲在外任职，他的读书是由母亲亲自教授的。教学抓得很紧，母亲昼夜教导，也很得法，循循善诱，从来没有使用过打骂的手段。

十五六，始知有进士，苦节读书。二十已来，昼课赋，夜课书，间又课诗，不遑寝息矣。以至口舌成疮，手肘成胝。

——《与元九书》

白居易到十五六岁，开始知道有考进士这条出路，便下苦功读书。二十岁以后，更加班加点，白天学赋，晚上读书，有时也学习诗歌，顾不得睡觉休息了。日久天长，以至口舌生起疮，手肘磨起茧。

他在十五六岁时开始刻苦读书，并且根据进士考试的要求，进行写作练习。现存早年《赋得古原草送别》一诗，就是他按照进士考试规矩而作的习作。

离离原上草，一岁一枯荣。野火烧不尽，春风吹又生。远芳侵古道，晴翠接荒城。又送王孙去，萋萋满别情。

唐代科举试诗，以限定成语为题，按例应试者在题前要加“赋得”二字。白居易写作拟应试诗，也仿照其例加此二字。相传此诗是白居易十六岁时写的。唐人张固《幽闲鼓吹》和五代人王定保《唐摭言》等书，都记载有关于此诗的传说：白居易应举初到长安，以此诗谒见著名诗人顾况。顾况见其姓名，开玩笑说：“长安米价方贵，居大不易。”当他打开诗卷读到“离离原上草，一岁一枯荣。野火烧不尽，春风吹又生”时，立刻赞叹道：“写得出这样的诗句，居则易矣！”于是顾况到处赞扬白居易，因而白氏名声大振。根据现代学者考证，按两人的经历，当时他们没有在长安见面的可能，贞元五年（789）顾况贬官饶州时，取道衢州，当时白居易正在衢州，有可能拜见顾况。无论如何，古书记载总是事出有因，不可能平白无故。

白居易这首诗，借春草抒写送别友人之情，而“野火烧不尽，春风吹又生”一联，赞颂古原草浴火重生的顽强生命力，富有深刻的哲理意味，历来为人传诵。此诗紧扣题目层层展开，首联点题“古原草”，从眼前所见古原上茂盛的春草，引发出对其枯荣交替、生生不已的生命过程的联想。颔联承“枯荣”写春草复苏、顽强萌生，是热情礼赞自然界生命力量的不可抗拒。颈联写春草茂盛蔓延，侵入古道，远接荒城，可见诗人目送神驰之态，引出“送别”

之意。尾联正写“送别”，将春草萋萋延展远方与送别友人缠绵情意联系起来，抒写依依惜别之情，结清题意，关合全篇。从程式上看，全诗起承转合，写得很紧凑，完全符合“赋得体”的要求，说明白居易学写应试诗颇下功夫，已经初见成效。出色的诗作，也显露了白居易的非凡诗才。

白居易二十岁时，在符离家居，正式开始进士考试的准备工作。他带着比他年少四岁的弟弟行简，还有本地的几个伙伴一起励志攻书。这几个伙伴有张彻、张复、贾悚，还有寄居古寺的刘五。关于他们一伙人的生活和读书情况，白居易后来有生动的记述。

> 刘兄文高行孤立，十五年前名翕习。是时相遇在符离，我年二十君三十。得意忘年心迹亲，寓居同县日知闻。衡门寂寞朝寻我，古寺萧条暮访君。朝来暮去多携手，穷巷贫居何所有？秋灯夜写联句诗，春雪朝倾暖寒酒。陴湖绿爱白鸥飞，濉水清怜红鲤肥。偶语闲攀芳树立，相扶醉踏落花归。张贾弟兄同里巷，乘闲数数来相访。雨天连宿草堂中，月夜徐行石桥上。我年渐长忽自惊，镜中冉冉髭须生。心畏后时同励志，身牵前事各求名。……齐入文场同苦战，五人十载九登科。
>
> ——《醉后走笔酬刘五主簿长句之赠兼简张大贾二十四先辈昆季》（节录）

他们这一伙人年龄颇有些差距，刘五当时年已三十，而白居易才二十岁，只因志趣相投，成了不分彼此的忘年之交。他们你来我往，写诗饮酒，业余时间也到湖边垂钓，树下闲谈，生活倒也丰富有趣。但是他们“心畏后时同励志，身牵前事各求名”，刻苦学习，努力写作，一起准备参加进士考试。经过十年苦战，五人都登科及第，达到目的。

白居易因为家庭遭逢变故，父亲白季庚于贞元十年（794）死于襄阳任所，白居易要为父亲服丧三年，家境亦变得艰难，科举应考就不得不推后了。直到二十七岁时，他才参加“乡贡”考试，二十九岁才到长安参加进士考试。贞元十六年（800）二月十四日，终于在中书舍人高郢主试下以第四名登进士第。

按照唐代科举的惯例，新考中的进士照例要到长安城南的杏园举行庆贺游宴活动。白居易在游宴的过程中，即景生情，即物起兴，写下《杏园中枣树》一诗：

人言百果中，唯枣凡且鄙。皮皴似龟手，叶小如鼠耳。胡为不自知，生花此园里？岂宜遇攀玩，幸免遭伤毁。二月曲江头，杂英红旖旎。枣亦在其间，如嫫对西子。东风不择木，吹煦长未已。眼看欲合抱，得尽生生理。寄言游春者，乞君一回视。君爱绕指柔，从君怜柳杞。君求悦目艳，不敢争桃李。君若作大车，轮轴材须此。

这是一首寓言诗。诗人以杏园中的枣树自喻，首先抒发身世之感慨：自己如平凡粗鄙的枣树，并非出身名门望族，生长于众芳中间显得丑陋，并不为世俗的人们看好。幸亏春风对树木没有什么偏爱，终于生生不息得以长大成材。接着诗人表达了自己中进士后希望得到进用，为国担当重任的企求：且让我传话给春游的客人，请回过头来仔细看看。您如喜爱绕指的柔软，任您去怜惜杞柳的枝条。您如追求悦目的艳丽，谁还敢与桃李争俏。如果您要造一辆大车，那轮轴的取材就非枣树不可。他希望朝廷看人材不要只重外表、尚虚名，而要注重真才实学，表示自己一定能够为国担当，负重致远。

十年常苦学，一上谬成名。擢第未为贵，贺亲方始荣。时辈六七人，送我出帝城。轩车动行色，丝管举离声。得意减别恨，半酣轻远程。翩翩马蹄疾，春日归乡情。

——《及第后归觐留别诸同年》

十年苦学，终于一举登第成名，白居易非常高兴，决定马上回家报喜，光耀门庭。临行时，一些同科进士为他设宴欢送，出城送别。尽管分别在即，行色弥漫，离声盈耳，但他春风得意，策马还乡，也就减半了别恨离愁，更不在意归程路远。诗人写给诸位同年的留别诗，反映了他踌躇满志的心情。

但是，白居易并没有得意忘形，他懂得进士及第不过是进入仕途的第一步，接下来还要面临吏部的选拔考试，必须再接再厉，继续努力，漫长的人生道路一定要走好。他写了一篇《箴言》，给进士主考官中书舍人高郢，以表达自己的决心。

> 贞元十有五年，天子命中书舍人渤海公领礼部贡举事。越明年春，居易以进士举一上登第。洎翌日至于旬时，伏念固陋，惧不克副公之选，充王之宾。乃自陈戒于德，作《箴言》。
>
> 曰：我闻古君子人，疾没世名不称，耻邦有道贫且贱。今我生休明代二十有六年，乃策名，名既闻于君；乃干禄，禄将及于亲。升闻逮养，繄公之德。公之德，之死矢报之。报之义靡他，惟励乃志，远乃猷，俾德日修，道日就，是报于公。匪报于公，是光于躬。匪光于躬，是华于邦。吁！其念哉，其勗哉！庶俾行中规，文中伦。学惟时习罔怠弃，位惟驯致罔躁求。惟一德五常，陶甄于内。惟四科六艺，斧藻于外。若御舆，既勒衔策，乃克骏奔。若治金，既砥淬砺，乃克利用。无曰擢甲科，名既立而自广自满。尚念山九仞，亏于一篑。无曰登一第，位其达而自欺自卑。尚念行千里，始于足下。呜呼！我无监于止水，当监于斯文。庶克钦厥止，慎厥终。自顾于箴言，无作身之羞，公之羞。
>
> ——《箴言并序》

白居易进士及第之后，经过十来天冷静思考，写下这篇《箴言》，用以自诫自励。他说要报答渤海公高郢的恩德，只有励志谋远，修德就道。不为自身荣光，而为家国争光。要时时勉励自己，行中规矩，文合伦理，学而时习不苟且，位求踏实不躁求。内修“五常”（父义、母慈、兄友、弟恭、子孝）之德，外习“四科”（德行、言语、政事、文学）、“六艺”（《诗经》《尚书》《礼》《乐经》《易》《春秋》）之学，以便面对各种担当，均能胜任自如。不要以为中甲科有了名声，就可以自大自满，必须时时鞭策自己，刻苦磨砺。要牢记九仞之山，亏于一篑。不要以为一登第有了地位，就可以不思进取，要牢记千里之行，始于足下。他要以此文为鉴，不时提醒自己，严格执行，做到善始善终。

从这篇箴言可见，白居易完全按照儒士的标准修德进业，励志成才，要求自己做到“行中规，文中伦”。随后，他就抱着励志谋远的决心，投入吏部考试的准备工作中。

唐代吏部选授之制，“以四事择其良：一曰身，二曰言，三曰书，四曰判”（《唐六典》卷二《吏部尚书》）。“初，吏部选才，将亲其人，覆其吏事。始取州县案牍疑义，试其断割，而观其能否。此所以为判也。后日月浸久，选人猥多，案牍浅近，不足为难，乃采经籍古义，假设甲乙，令其判断。”（《通典》卷一五《选举三》）判书是吏部考试的主要内容，其目的是考察应试者分析判断和解决问题的实际能力。白居易为准备吏部考试，翻阅典籍，外出调查，自拟了大量判题，写出了百道判书。这就是著名的《百道判》，后来被新进士竞相传于京师，成为吏部应试者的范文。

贞元十八年（802）冬，白居易到长安参加进士选考，在吏部侍郎郑珣瑜主试下，试书判拔萃科，至来年春发榜及第。元稹等同登书判拔萃科。两人同授为秘书省校书郎。白居易在《代书诗一百韵寄微之》诗中说：“忆在贞元岁，初登典校司。身名同日授，心事一言知。”元白两人的交谊从此开始。

三、入仕初怀济世情

贞元十九年（803）春，白居易始入仕途，出任秘书省校书郎。校书郎是一个九品上的小官，在掌管图书的秘书省里负责校勘典籍的工作。

在京城有了工作，白居易就在常乐里租赁一所房子住下来。房子是已故宰相关播私宅的东亭。房子空置已久，无人料理，亭屋东南隅的一丛竹子，已经衰败不堪。白居易发现之后，立即锄草培土，加以清理，使竹子重新焕发生机，并且写了一篇《养竹记》。记文除叙述事情经过，还借竹言志，抒发了大篇议论。

竹似贤，何哉？竹本固，固以树德，君子见其本，则思善建不拔者。竹性直，直以立身，君子见其性，则思中立不倚者。竹心空，空以体道，君子见其心，则思应用虚受者。竹节贞，贞以立志，君子见其节，则思砥砺名行，夷险一致者。夫如是，故君子人多树之为庭实焉。

嗟乎！竹，植物也，于人何有哉？以其有似于贤，而人爱惜之，封植之，况其真贤者乎？然则竹之于草木，犹贤之于众庶。呜呼！竹不能自异，惟人异之。贤不能自异，惟用贤者异之。故作《养竹记》，书于亭之壁，以贻其后之居斯者，亦欲以闻于今之用贤者云。

文章前后这两段话，作者用意各有不同，一以自我勉励，一以讽喻用人的权臣。

白居易初入仕途，思考自己立身处世之道，借竹以明志：竹似贤者，为什么呢？竹子本根深固，有如贤者执守德操，坚贞不拔。君子见其本根，就想做一个根底深厚、坚贞不拔的人。竹子立形挺直，正直以立身。君子见其外形，就想做一个正直不阿的人。竹子空心，心地空明，能体察天人之道。君子见其心虚空，就想做一个虚怀若谷、善于应对的人。竹节坚贞，坚劲以立志。君子见其节坚劲，就想做一个敦品励行、不论夷险始终如一的人。

白居易初入仕途，所得职位与自己苦读十年的期望值并不相符，因而对有用人之权的当政者颇有微词，借竹以讽喻：竹子是一种植物，与人有什么关系呢？因为它似贤者，所以人们爱惜它，培植它，若有真正的贤者应如何对待呢？实际上竹子高于一般草木，贤者也超过凡俗之辈。竹子自己不能自命不凡，就要求用贤者要善于鉴别高下，做到物尽其用，人尽其才。文章最后点明："欲以闻于今之用贤者"，让当政者懂得应该如何使用贤才。

因此，白居易这一段时期思想情绪比较复杂，他写的《常乐里闲居偶题十六韵》一诗，就可以反映他的某些想法和情绪。

帝京名利场，鸡鸣无安居。独有懒慢者，日高头未梳。工拙性不同，进退亦遂殊。幸逢太平代，天子好文儒。小才难大用，典校在秘书。三旬两入省，因得养顽疏。茅屋四五间，一马二仆夫。俸钱万六千，月给亦有余。既无衣食牵，亦少人事拘。遂使少年心，日日常晏如。勿言无知己，躁静各有徒。兰台七八人，出处与之俱。旬时阻谈笑，旦夕望轩车。谁能雠校闲，解带卧吾庐。窗前有竹玩，门外有酒沽。何以待君子，数竿对一壶。

校书郎官小职事清闲，工作轻松，俸禄待遇不错，衣食无忧，同事关系和谐，生活悠闲，白居易似乎相当心满意足。而在诗人的内心深处却有一股不平之气，“幸逢太平代，天子好文儒。小才难大用，典校在秘书”，就是口是心非的话，其中隐含着一种“大材小用”、壮志难酬的怨气。

白居易虽然官职卑微，仍然关心家国大事，朝政动静。贞元二十一年（805）正月，德宗李适去世，顺宗李诵即位。二月十一日，韦执谊为尚书左丞、同中书门下平章事，王伾、王叔文一派执掌权柄，大力改革朝政，罢进奉、宫市、五坊小儿等弊政，打击藩镇割据势力，夺回宦官兵权，力图挽救唐室的危亡。刘禹锡、柳宗元等都积极投身于改革的激流之中。白居易由于官职低下，不能直接参与其中，但也不甘落后，主动建言献策。二月十九日，他写了数千字的《为人上宰相书》，投送给刚上任不久的宰相韦执谊。他号称为人代写，实际上是他自己要写的。在《为人上宰相书》之中，他怀着济世拯民之心，赞同改革，并且建议要抓紧时机，雷厉风行，快速推进改革：

> 况今方域未甚安，边陲未甚静，水旱之灾不戒，兵戎之动无期。然则为宰相者，得不图将来之安，补既往之败乎？若相公用天下之目，观而救之，夫岂无最远之见乎？用天下之心，图而济之，夫岂无最长之策乎？策之最长者，见之最远者，在相公鉴而取之，诚而行之而已。取之也，行之也，今其时乎？为时之用大矣哉！
>
> 今相公有其才，有其位，有其时，则行道由己而由道乎哉？某又闻，一往而不可追者时也，故圣贤甚惜焉。方今拭天下之目，以观主人之作为也；侧天下之耳，以听相公之举措也。如此，则相公出一言，不终日而必闻于朝野；主上发一

令，不浃辰而必达于华夷。盖主上辑百辟，和万姓，服四夷之时，在于此时矣。相公充人望，代天工，报国之恩，正在于今日矣。

况今日之天下，岂弊于武德之天下乎？相公之事业，岂后于文贞之事业乎？在于疾行而已矣。所以主上践祚未及十日，而宠命加于相公者，惜国家之时也。相公受命未及十日，而某献于执事者，惜相公之时也。夫欲行大道，树大功，贵其速也。盖明年不如今年，明日不如今日矣。故孔子曰："日月逝矣，岁不我与。"此言时之难得而易失也。伏惟相公惜其时之易也而不失焉，虑其渐之难也而不取焉。

某游长安仅十年矣，足不践相公之门，目不识相公之面，名不闻相公之耳。相公视某何为者哉？岂非介者耶，狷者耶？今一旦卒然以数千言尘黩执事者，又何为哉？实不自揆，欲以区区之闻见裨相公聪明万分之一分也，又欲以济天下憔悴之人死命万分之一分也。相公以为如何？

白居易看到改革时机来到，在上书中满怀激情对宰相韦执谊建言献策：

"如今国内很不安定，边疆亦不平静，对水旱之灾朝野都无戒备，兵戈之乱随时可能发生。作为宰相，能够不谋求未来之安定，补救既往之过失吗？相公若能用天下万民的眼光，观察问题，拯救危局，能没有远见吗？若能按天下万民的心愿，想方设法，普济苍生，能没有良策吗？有了远见、良策，关键在于相公明鉴并加以采纳，认真付之实施。机不可失，时不再来啊！"

"如今相公有才能，有地位，有良机，推行自己治国安邦的方策，哪能按照往常那一套陈规呢？我又听说时机错失是无法追回的，因而圣贤之士都十分珍惜。方今天下拭目以待，观君主之作为；天下侧耳倾听，待相公之行动。这种时候，则相公一句话语，不到一天就会传遍朝野；君主一个号令，不要十二天就能下达华夷。因此君主统领九州，和合万民，征服四夷的时机，就在于当下了。相公满足万众期望，代替天子治国安邦，正在于今日了。”

“况且今日之天下，难道比高祖武德时期要差吗？相公之事业，难道不如名相魏徵的事业吗？关键在于赶快行动罢了。所以君主即位未到十日，即恩诏相公出任大位，就是珍惜治理国家的时机。相公受命不到十日，我就上书于您，也是珍惜相公治理国家的时机。要想实行宏图，建树大功，贵在快速行动。因为明年不如今年，明日不如今日。所以孔子说：‘日月运行不息，年光不等人呀！’这是说时机难得而易失啊。因此希望相公珍惜成事的良机而不要错过，避免缓慢拖延而贻误大事。”

“我来长安仅十年，足未登相公之门，目未见相公之面，名不闻相公之耳，相公以为我是什么人呢？难道是那种耿介自守，不愿结交权贵的人吗？今天突然以数千言之书打搅相公，又是为了什么呢？实在自不量力，想以自己的一孔之见，为相公的聪明才智增加点滴启示，又想为拯救天下深陷困苦的人们贡献一点微薄之力，不知相公以为如何？”

诗人的建言情真意切，语重心长，一心希望改革能够快速推进。

然而，事态的发展完全出乎白居易的意料，改革的好景不长，很快就被腰斩。元和元年（806）八月，宦官和旧官僚大肆反扑，强迫顺宗退位，扶植宪宗李纯继位，接着对革新人士进行政治迫害，王叔文等革新派的骨干成员全遭贬斥。韦执谊也被贬为崖州司马。白居易目睹人事变幻，感到十分灰心失望。

卖药向都城，行憩青门树。道逢驰驿者，色有非常惧。亲族走相送，欲别不敢住。私怪问道旁，何人复何故？云是右丞相，当国握枢务。禄厚值万钱，恩深日三顾。昨日延英对，今日崖州去。由来君臣间，宠辱在朝暮。青青东郊草，中有归山路。归去卧云人，谋身计非误。

——《寄隐者》

这首诗记述了韦执谊外贬离开京城时的情景，俨然有一种恐怖的气氛：驰驿者脸色异常可怕，送行者匆匆不敢停留。诗人感到奇怪，偷偷问道旁的人：出行的是什么人？为什么会如此这般？原来出行者是当朝大权在握的宰相韦执谊，昨日还受到皇上的宠信，应对延英殿，今日竟然罢相外贬，要到崖州去。诗人听了不胜感慨，觉得朝中的朝暮变幻实在可怕，对韦执谊被贬崖州充满了同情。

“王叔文集团的失败，元白（元稹、白居易）二人更清楚地看到了现实的残酷和黑暗，意识到反对宦官专权、藩镇割据的重担已落到自己及与之同志者的身上，从而进一步坚定了济世救民的信念。”（曾广开著《元和诗论》第 92 页）

元和元年（806）三月，白居易校书郎任期届满，决心再求进取，准备参加制举考试。迁居到永崇里华阳观，与元稹等人同住。

季夏中气候，烦暑自此收，萧飒风雨天，蝉声暮啾啾。永崇里巷静，华阳观院幽。轩车不到处，满地槐花秋。年光忽冉冉，世事本悠悠。何必待衰老，然后悟浮休？真隐岂长远，至道在冥搜。身虽世界住，心与虚无游。朝饥有蔬食，夜寒有布裘。幸免冻与馁，此外复何求？寡欲虽少病，乐天心不忧。何以明吾志，周易在床头。

——《永崇里观居》

永崇里华阳观，本是兴信公主的宅院，后为华阳公主追福，立为观。这里环境幽静，白居易进住其中，感到舒适宜人，油然产生一种乐天知命的思想。其实，他与元稹在里边准备应制举考试，是十分勤奋用功的。

> 皆当少壮日，同惜盛明时。光景嗟虚掷，云霄窃暗窥。攻文朝矻矻，讲学夜孜孜。策目穿如札，时与微之结集策略之目，其数至百十。毫锋锐若锥。时与微之各有纤锋细管笔，携以就试，相顾辄笑，目为毫锥。繁张获鸟网，坚守钓鱼坻。谓自冬至夏，频改试期，竟与微之坚待制试也。
>
> ——《代书诗一百韵寄微之》（节录）

这是白居易后来回忆他与元稹在华阳观，朝攻文、夜讲学，刻苦攻读，拟写策文，准备制举考试的情况。他在《策林序》中，说得更清楚。

> 元和初，予罢校书郎，与元微之将应制举，退居于上都华阳观。闭户累月，揣摩当代之事，构成策目七十五门。及微之首登科，予次焉。凡所应对者，百不用其一二。其余自以精力所致，不能弃捐。次而集之，分为四卷，命曰《策林》云耳。

白居易当时与元稹一起，在华阳观里闭门累月研究治国方略：揣摩当代时事，提出种种问题，研究应对解决办法，写出了策文七十五篇。这些策文，几乎含括了中唐时期所有重要政治议题，全面地论述了作者对当代政治、法律、军事、外交、经济、文化、教育以及社会治理等方面的观点，系统地提出了自己的政治主张。

白居易政治思想的核心，是以民为本，推行仁政。他认为统治者要“以天下心为心”，“以百姓欲为欲”，“顺其心以出令”，“因其欲以设教”（《策林》七《不劳而理》）。“圣人非不好利也，利在于利万人；非不好富也，富在于富天下。”（《策林》二十二《不夺人利》）也就是说为政要以民为本，顺应民心民意，为人民大众谋福利。这就要根据天时、地利、人和的原则建立制度，推行仁政，

“节财用，均贫富，禁兼并，止盗贼，起廉让”（《策林》二十五《立制度》），让人民衣食无忧，安居乐业。

实行仁政，一个首要的问题是要让民情得以上达。因此，白居易提出要广通言路：

一要大兴谏议之风：“臣闻天子之耳不能自聪，合天下之耳听之而后聪也。天子之目不能自明，合天下之目视之而后明也。天子之心不能自圣，合天下之心思之而后圣也。……圣王知其然，故立谏诤讽议之官，开献替启沃之道。俾乎补察遗阙，辅助聪明。犹惧其未也，于是设敢谏之鼓，建进善之旌，立诽谤之木。工商得以流议，士庶得以传言。然后过日闻而德日新矣。”（《策林》七十《纳谏》）

二要设立采诗之官：“臣闻圣王酌人之言，补己之过，所以立理本、导化源也。将在乎选观风之使，设采诗之官。俾乎歌咏之声，讽刺之兴，日采于下，岁献于上者也。所谓言之者无罪，闻之者足以自诫。”采诗观风，民情忧乐得以闻知，为政者即可“酌人言，察人情，而后行为政”（《策林》六十九《采诗》）。

白居易经济思想的立足点是保护农业生产。农业生产是封建社会的经济基础。可是中唐时代由于赋税制度的不合理，造成人口流亡，土地荒废，农业生产急剧下降。究其原因，主要是由于“租庸调”制度的破坏，“两税法”所实行的货币地租使农民不堪重负，舍本逐末，成为游堕之民。针对这种情况，白居易提出了“息游堕，劝农桑，议赋税，复租庸，罢缗钱，用谷帛”的改革主张。他详陈货币地租造成的严重后果，主张恢复“租庸调”税法，让农民安心务本：“今若量夫家之桑地，计谷帛为租庸，以石斗登降为差，以匹丈多少为等，但书估价，並免税钱，则任土之利载兴，易货之弊自革。弊革则务本者致力，利兴则趋末者回心。游乎于道途市肆

者，可易业于西成；讬迹于军籍释流者，可返躬于东作。欲其游堕，其可得乎?”（《策林》十九《息游堕》）

为了农、林、牧、副、渔各方面的可持续发展，白居易卓有远见地提出了保护自然生态、反对竭泽而渔的主张：“臣闻天育物有时，地生财有限，而人之欲无极。以有时有限奉无极之欲，而法制不生其间，则物必暴殄而财乏用矣。先王恶其及此，故川泽有禁，山野有官，养之以时，取之以道。是以豺獭未祭，罝网不布于野泽。鹰隼未击，矰弋不施于山林。昆虫未蛰，不以火田。草木未落，不加斤斧。渔不竭泽，畋不合围。至于麛卵蚳蝝、五谷百果不中杀者，皆有常禁。夫然，则禽兽魚鳖不可胜食矣，财货器用不可胜用矣。”（《策林》二十六《养动植之物》）白居易强调人类对自然界生物资源的利用要有所节制，提出“养之以时，用之以道”的原则，是非常正确的，具有永久的科学指导价值。

白居易在《策林》中也有明晰的军事思想。他有是非分明的战争观：“臣闻天下虽兴，好战必亡；天下虽安，忘战必危。不好不忘，天下之王也。……君天下者不可去兵也，不可黩武也。在乎用之有本末，行之有逆顺。逆顺之要，大略有三，而兵之名随焉。夫兴利除害，应天顺人，不为名尸，义然后动，谓之义兵。相时观衅，取乱侮亡，不为祸先，敌至而应，谓之应兵。恃力宣骄，作威逞欲，轻人性命，贪人土田，谓之贪兵。兵贪者亡，兵应者强，兵义者王。王之兵无敌于天下也，故有征无战也。”（《策林》四十三《议兵》）白居易主张“兵不妄动，师必有名”，不穷兵黩武，也不放弃捍卫正当利益的正义战争。他把用兵分为义兵、应兵、贪兵三种类型，义兵和应兵属于捍卫正当利盖的正义战争，贪兵属于掠夺性的黩武战争。

白居易还有安边保国的良策：“讨之以兵，不若诱之以饵。诱之以饵，不若和之以亲。和之以亲，不若备之有素。斯皆前代已验之事，可复而视也。以今参古，弃短补长，亦可择而用焉。”“伏愿陛下畜之如犬羊，视之如蜂虿。不以士马强而才力盛，恃之而务战争；不以亭障静而烟尘消，轻之而去守备。但且防其侵轶，遏其虔刘，去而勿追，来而勿纵而已。然后略四子之小术，弘三王之大猷，以政成德盛为图，以人安师壮为计。故德盛而日闻则服，服必怀柔；师壮而时动则威，威必震耆。”（《策林》四十八《御戎狄》）白居易总结了历史上应对边患的各种办法，提出备而不战、阻止侵扰、盛德壮师以求归顺的安边保国政策，既有利于国家的长治久安，又符合人道主义精神。

关于社会治理，白居易主张刑、礼、道迭相为用：“夫刑者可以禁人之恶，不能防人之情。礼者可以防人之情，不能率人之性。道者可以率人之性，又不能禁人之恶。循环表里，迭相为用。故王者观理乱之深浅，顺刑礼之后先。当其惩恶抑淫，致人于劝惧，莫先于刑。划邪窒欲，致人于耻格，莫尚于礼。反和复朴，致人于敦厚，莫大于道。……适其用，达其宜，则天下之理毕矣，王者之化成矣。”（《策林》五十四《刑礼道》）他认为刑法、礼制、道义，各有其作用，根据实际情况适当使用，三者相辅相成，就可以达到天下治理的良好效果。

白居易认为上梁不正下梁歪，国家的治理，皇帝的带头作用至关重要。试看《策林》第二十一篇《人之困穷由君之奢欲》：

> 问：近古已来，君天下者皆患人之困，而不知困之由；皆欲人之安，而不得安之术。今欲转劳为逸，用富易贫。究困之由，矫其失于既往；求安之术，致其利于将来。审而行之，以康天下。
>
> 臣闻近古已来，君天下者皆患人之困，而不知困之由；皆

欲人之安，而不得安之术。臣虽狂瞽，然粗知之。臣窃观前代人庶之贫困者，由官吏之纵欲也。官吏之纵欲者，由君上之不能节俭也。何则？天下之人亿兆也，君者一而已矣。以亿兆之人奉其一君，则君之居处虽极土木之功，殚金玉之饰；君之衣食虽穷海陆之味，尽文采之华；君之耳目虽慆郑卫之音，厌燕赵之色；君之心体虽倦畋渔之乐，疲辙迹之游，犹未合扰于人，伤于物。何者？以至多奉至少故也。然则一纵一放而弊及于人者又何哉？盖以君之命行于左右，左右颁于方镇，方镇布于州牧，州牧达于县宰，县宰下于乡吏，乡吏传于村胥，然后至于人焉。自君至人，等级若是。所求既众，所费滋多，则君取其一而臣已取其百矣。所谓上开一源，下生百端者也。岂直若此而已哉？盖亦君好则臣为，上行则下效。故上苟好奢，则天下贪冒之吏将肆心焉。上苟好利，则天下聚敛之臣将置力焉。雷动风行，日引月长。上益其侈，下成其私。其费尽出于人，人实何堪其弊？此又为害十倍于前也。夫如是，则君之躁静为人劳逸之本，君之奢俭为人富贫之源。故一节其情，而下有以获其福；一肆其欲，而下有以罹其殃。一出善言，则天下之心同其喜；一违善道，则天下之心共其忧。盖百姓之殃不在乎鬼神，百姓之福不在乎天地，在乎君之躁静奢俭而已。是以圣王之修身化下也，宫室有制，服食有度，声色有节，畋游有时。不徇己情，不穷己欲，不殚人力，不耗人财。夫然，故诚发乎心，德形乎身，政加乎人，化达乎天下。以此禁吏，则贪欲之吏不得不廉矣。以此牧人，则贫困之人不得不安矣。困之由，安之术，以臣所见，其在兹乎！

此文的“人”字，即“民”字，唐避太宗李世民讳，民均作“人”。因而这篇策文的论题是《民之困穷由君之奢欲》，作者为民请命，论述如何让天下贫困之民得以安身立命的问题。他说：君主纵欲奢侈，上行而下效，各级官吏肆无忌惮，极力搜括掠夺百姓，百姓怎能忍受这样的横征暴敛？因而他认为：君躁则民劳，君静则民逸；君奢则民穷，君俭则民富。百姓的祸福，根源在于君主的所作所为。于是他建议君主能够身体力行，以俭德化下，衣食住行节制有度，不要浪费民脂民膏，要做到至诚发自内心，美德见于行动，仁政施于人民，则王化行乎天下。以此治吏，则贪欲之吏不得不廉洁；以此治民，则贫困之民不会不安生。解民之困，以康宁天下，办法大概就在于此。

这篇策文，阐发了白居易主张以仁政治国、俭德安民的思想。他的另外一些策文，提出治国安民的一系列具体办法。他主张遏制统治者的私欲，禁止地主兼并土地，反对官吏放高利贷，倡议裁减官吏冗员节约开支，要求减免百姓的赋税，呼吁解救水旱灾害，坚持彻底废除肉刑，提议建立养老制度，等等。

白居易在《策林》中所提出的种种主张，奠定了他兼济天下、治国安邦的思想基础，显然也影响他一生的政治行为。他后来写的许多讽喻诗，大都是这些思想的延续和发挥。

元和元年（806）四月，白居易参加“才识兼茂明于体用科”策试，与元稹等人同登第。元稹中甲等，授左拾遗。白居易以对策出言太直，中乙等，授盩厔县尉。这一年，他三十五岁。

盩厔县（今属陕西）属京兆府管辖，位于长安以西，是靠近京城的一个畿县。设县尉二人，正九品下，职掌“分判众曹，收率课税”，即分管州曹下达的公务，向人民征讨赋税。白居易对这个职位很不满意。

> 低腰复敛手，心体不遑安。一落风尘下，方知为吏难。公事与日长，宦情随岁阑。惆怅青袍袖，芸香无半残。
>
> ——《酬李少府曹长官舍见赠》（节录）

“低腰复敛手，心体不遑安”，就是高适诗“拜迎长官心欲碎，鞭挞黎庶令人悲”（《封丘县》）的意思。白居易在《论和籴状》中说得更明白：“臣近为畿尉，曾领和籴之司，亲自鞭挞，所不忍睹。”所谓“和籴”，原是收购农产品充军粮的一种办法，后来竟至不问年成丰歉，一律摊购强买。白居易在县里就主管“和籴”工作，为了完成上级下达的任务，他不得不对百姓采取强制手段。这种低眉折腰拜迎长官、鞭打百姓强征赋税的生活，令诗人感到作为一个奔走风尘的小吏，处境是多么的艰难，日子是多么的难过！

五月间下乡的一段见闻，更让诗人感到愧疚不安。

> 田家少闲月，五月人倍忙。夜来南风起，小麦覆陇黄。妇姑荷箪食，童稚携壶浆。相随饷田去，丁壮在南冈。足蒸暑土气，背灼炎天光。力尽不知热，但惜夏日长。复有贫妇人，抱子在其旁。右手秉遗穗，左手悬弊筐。听其相顾言，闻者为悲伤。家田输税尽，拾此充饥肠。今我何功德，曾不事农桑？吏禄三百石，岁晏有余粮。念此私自愧，尽日不能忘。
>
> ——《观刈麦》

诗人知道种田人家很少有闲月，五月夏收时节会更加忙碌。他下乡到田间看看今年夏收情况。放眼望见遍地的小麦金黄一片，自然喜上眉梢。在路上就看见妇女、儿童都担筐提壶，给地里割麦的劳力送饭送水。到了南冈，看到青壮年农夫正冒着酷暑争分夺秒地奋力抢收：脚下暑气熏蒸，背上烈日烘烤，农夫即使已经累得筋疲力尽也顾不上歇息，忘记了炎热，一心只想趁这夏天昼长赶快把麦子抢收回家。刈麦者的辛劳让诗人怜悯，而拾麦者的情景更加令人心酸：有个贫苦的妇女怀里抱着孩子，左手提个破烂筐子，右手去捡遗漏在地里的麦穗。听她诉苦的话语，人们无不为之悲伤：“为缴纳官税卖光了自家田地，只好拣点麦穗回去充饥。”面对此情此景，诗人想到自己养尊处优的生活，反躬自问，感到受之有愧："作为一名朝廷官员，我有何德何能呢？既不种田也不采桑，却享受三百石的俸禄，农夫辛劳一年还不得温饱，而自己到年底家里还有余粮。"他越想越感到惭愧，心情久久难以平静。他从抢收麦子农民身上，看到一日三餐进口的粮食粒粒皆辛苦；在捡拾麦穗妇女身上，看到国家沉重的赋税弄得民不聊生。而自己坐享的俸禄，都是从农民身上搜刮来的民脂民膏啊！

白居易第一次到地方做官，就能深入基层，写出这样真切反映民生疾苦的作品，并通过思考对比，揭示繁重赋税是造成农民贫困的根本原因；通过自愧自谴，批判官僚阶层的不劳而获，凸显出作品的思想高度，这表明诗人业已走上了成熟之路。"从此，白居易也开始了他'唯歌生民病，愿得天子知'的创作高潮。"（王志清撰《白居易诗选》第20页）

这一年夏天，关中大旱，天气酷热。

> 旱久炎气甚，中人若燔烧。清风隐何处，草树不动摇。何以避暑气，无如出尘嚣。行行都门外，佛阁正岧峣。清凉近高生，烦热委静销。开襟当轩坐，意泰神飘飘。回看归路旁，禾黍尽枯焦。独善诚有计，将何救旱苗？
>
> ——《月灯阁避暑》

诗人赴都城公干，因为天旱持续多日，天气火热令人难以消受，诗人想找一个清凉的地方避暑，于是走到都门外的月灯阁，登上高耸的阁楼，果然清风徐来，烦热顿时消失，打开衣襟坐在窗前，感到神清气爽十分舒畅。可是当他回头远望回去盩厔的道路两旁，地里所有的禾苗都晒得枯焦了，心情立即由自得变为自责：自己一个人有办法逃避炎热，得以"独善其身"，但作为一方官员，自己拿什么解救受旱的禾苗，为百姓分忧解困？

诗人“从一件纳凉小事想到农事的困窘而作自我反省，见出其出仕之初抱持了为民兴利、兼济天下的心愿”（汤华泉注评《白居易诗选》第60页）。

盩厔这个地方虽小，倒有不少山水名胜。在县东三十五里，有一座仙游山，山上有个仙游潭，潭水呈黑色，深不可测。山上还有一座仙游寺，据说是隋朝时期修建的。白居易在休闲的时候，常约几位本地新结识的朋友到这里游玩。他十分喜欢这里清静的环境，有时甚至一个人在这里住上一两天：“沙鹤上阶立，潭月当户开。此中留我宿，两夜不能回。幸与静境遇，喜无归侣催。从今独游后，不拟共人来。”（《仙游寺独宿》）

白居易就在一次与友人同游仙游寺之后，写下著名长诗《长恨歌》。

> 元和元年冬十二月，太原白居易自校书郎尉于盩厔，鸿与琅邪王质夫家于是邑，暇日相携游仙游寺，话及此事，相与感叹。质夫举酒于乐天前曰：“夫希代之事，非遇出世之才润色之，则与时消没，不闻于世。乐天深于诗，多于情者也，试为歌之，如何？”乐天因为《长恨歌》，意者不但感其事，亦欲惩尤物，窒乱阶，垂于将来也。歌既成，使鸿传焉。世所不闻者，予非开元遗民，不得知；世所知者，有《玄宗本纪》在。今但传《长恨歌》云尔。
>
> ——陈鸿《长恨歌传》

这是《长恨歌传》作者陈鸿记述的《长恨歌》写作起因及写作意图：元和元年（806）冬天，白居易和陈鸿、王质夫三人相携同游仙游寺，酒席间谈论起唐玄宗与杨贵妃的故事，三人为之感叹。王质夫举杯提议请擅长诗歌的白居易把它写成诗歌，不要让这样的稀世之事消没无闻。白居易为之心动，也就满口应承。这天夜里他大概就住在清静的仙游寺，浮想联翩，文思泉涌，连夜奋笔疾书，写下了《长恨歌》。他的意图是要以此告诉后人：要以唐玄宗迷恋女色、祸国殃民的教训为戒，不要让荒淫误国的历史悲剧重演，以免让悲剧的制造者最后成为悲剧的主人公，给自己造成无穷无尽的“长恨”。

汉皇重色思倾国，御宇多年求不得。杨家有女初长成，养在深闺人未识。天生丽质难自弃，一朝选在君王侧。回眸一笑百媚生，六宫粉黛无颜色。春寒赐浴华清池，温泉水滑洗凝脂。侍儿扶起娇无力，始是新承恩泽时。云鬓花颜金步摇，芙蓉帐暖度春宵。春宵苦短日高起，从此君王不早朝。承欢侍宴无闲暇，春从春游夜专夜。后宫佳丽三千人，三千宠爱在一身。金屋妆成娇侍夜，玉楼宴罢醉和春。姊妹弟兄皆列土，可怜光彩生门户。遂令天下父母心，不重生男重生女。骊宫高处入青云，仙乐风飘处处闻。缓歌慢舞凝丝竹，尽日君王看不足。渔阳鼙鼓动地来，惊破霓裳羽衣曲。九重宫阙烟尘生，千乘万骑西南行。翠华摇摇行复止，西出都门百余里。六军不发无奈何，宛转蛾眉马前死。花钿委地无人收，翠翘金雀玉搔头。君王掩面救不得，回看血泪相和流。

——《长恨歌》(节录)

《长恨歌》前半篇写唐玄宗迷恋女色终致安史之乱的悲剧。诗歌开篇“汉皇重色思倾国”一句，开宗明义点出君王重色是导致悲剧的根源，提纲挈领地统摄全诗。接着就铺陈重色、好色的唐明皇得到了绝代佳人杨玉环之后，日夜沉迷于声色之中，纵情寻欢作乐，再也没有心思打理朝政；而且唐明皇因宠爱杨妃，竟然爱屋及乌，让杨家姊妹兄弟都得以封官晋爵。结果就酿成了安史之乱，渔阳战鼓惊断了他们寻欢作乐的歌舞。眼看京都长安前，叛军兵临城下，唐明皇只有带着兵马逃窜西南。途中将士们不肯前进，发生了马嵬之变。绝代佳人死在马嵬坡下，杨贵妃的金银首饰散落满地，唐明皇无可奈何只有掩面痛哭。一个大唐盛世的君王竟落得如此下场！真是迷恋倾国之美人，导致倾国之灾难，荒淫误国酿成了家国无穷的遗恨。

“唐玄宗的荒淫误国，引出了政治上的悲剧，反过来又导致了他和杨贵妃的爱情悲剧。悲剧的制造者最后成为悲剧的主人公。”（《唐诗鉴赏辞典》第 837 页，饶芃子文）

《长恨歌》后半篇，以唐玄宗和杨贵妃作为爱情悲剧的主人公，抒写了他们之间生死不渝的相思之情。唐明皇在入蜀途中，在蜀中的行宫，在还都经过马嵬坡时，在回京以后的各种场合，春夏秋冬，朝朝暮暮，总是追怀忆旧，睹物思人。后来临邛道士上天入地，帮助唐明皇在仙山上找到杨贵妃，她亦含情脉脉，托物寄词，重申七夕誓言。两人这种缠绵悱恻、坚贞不渝的生死相思，尽管情真意切，终究虚无缥缈，天上人间，阴阳相隔，不可能再有团圆之日。这种情梦难圆的悲剧，是人生无穷的遗恨。正因为如此，对他们的悲剧命运，诗人倾注了满腔同情，这样的悲剧，也能赢得人们的同情。诗人这样写，似乎有违“惩尤物，窒乱阶”的写作初衷。这种情况的产生，与写作时采用民间传说有关，也与诗人自己的感情经历有关，诚如有的学者所言：“对唐玄宗和杨贵妃的爱情悲剧，诗中表示深切的同情，而在此不能不考虑白居易本人早年的恋爱经历所造成的心理因素。”（严杰编选《白居易集》第 18 页）有的学者甚至说：“这首《长恨歌》其实是白居易对自己初恋，一种最后的绝望的祭奠。”（郦波著《唐诗简史》第 321 页）

一首《长恨歌》，诗人抒写了君王荒淫误国的家国遗恨，也抒写了男女情梦难圆的人生遗恨。作者对于家国遗恨的制造者，予以谴责，对于人生遗恨的承载者，又赋予同情。这种情况，彰显了诗人感伤往事的复杂情怀。

白居易因为早年与湘灵的恋情被强行破坏之后，对湘灵总是有着一种藕断丝连的思念，直到三十五六岁都未成婚。如今，他与湘灵的婚事已完全无望，一个人在盩厔县城生活也颇感寂寞，才想到需要有一位夫人。

移根易地莫憔悴，野外庭前一种春。少府无妻春寂寞，花开将尔当夫人。

——《戏题新栽蔷薇》

白居易在县府庭前移栽了一丛蔷薇，在春光摇落的季节，托物抒怀，表达了自己尚无妻室的孤寂之意。这时候，经老友杨虞卿的介绍，白居易结识了杨汝士的堂妹，因而经常出入杨家，在杨家消磨时光。后来到元和三年（808）夏天，终于与杨氏结婚。杨氏虽不识字，但美丽、端庄，是一个贤淑的女子。结婚之初，白居易给夫人赠诗一首。

生为同室亲，死为同穴尘。他人尚相勉，而况我与君。黔娄固穷士，妻贤亡其贫。冀缺一农夫，妻敬俨如宾。陶潜不营生，翟氏自爨薪。梁鸿不肯仕，孟光甘布裙。君虽不读书，此事耳亦闻。至今千载后，传是何如人？人生未死间，不能忘其身。所须者衣食，不过饱与温。蔬食足充饥，何必膏粱珍。缯絮足御寒，何必锦绣文。君家有贻训，清白遗子孙。我亦贞苦士，与君新结婚。庶保贫与素，偕老同欣欣。

——《赠内》

白居易在这篇新婚表白中，首先表明自己要与妻子生同室，死同穴，相守终生。接着讲述几个古代夫妇安贫乐道的故事，与妻子共勉：黔娄不求富贵，妻子亦不嫌其贫；冀缺是一个种地农民，妻子一样对他敬重如宾；陶渊明辞官归隐无所事事，妻子翟氏照样烧火做饭操持家务；梁鸿隐居不肯仕进，妻子孟光也甘于荆钗布裙。白居易希望妻子与自己一起，以先贤为榜样，做一个安于清贫、保持清白的人。“人生未死间，不能忘其身。”人活在世上，不能忘记要做到“独善其身”。人生所需不过温饱而已，有蔬菜淡饭充饥即可，不必追求美味佳肴；有粗麻布衣御寒保暖就行，无须追求锦绣绫罗。他最后对妻子说：“你们杨家远祖就以清白传家，我亦是一个坚贞刻苦的人，我们要保持清白贞素，相亲相爱，白头偕老!”

白居易这一番表白，表明了自己为人处世的准则，也是对终身伴侣的要求。

元和二年（807）暮秋，白居易自盩厔县调回长安，任集贤殿校理。他在《寄题盩厔厅前双松》一诗中说：“忆昨为吏日，折腰多苦辛。……忽奉宣室诏，征为文苑臣。”就是指这次调动说的。

白居易在盩厔县任职虽不满两年时间，却是他人生的一个重要拐点。他接近了基层群众，对民生疾苦有所了解，因而开始了《观刈麦》一类讽喻诗的创作。这期间他写下了著名长篇叙事诗《长恨歌》，奇峰突起，标志着他驾驭诗歌艺术的高度娴熟。

四、诗谏并举左拾遗

白居易的诗歌流传于禁中，宪宗非常喜爱。元和二年（807）十一月四日，白居易自集贤院召赴银台等候进诣。五日，召入翰林院，奉敕试作诏、表、制、书四文，诗一首，经核定完全合格，授予翰林学士。

唐宪宗元和时代，翰林学士参与朝廷政事，成为皇帝亲近的顾问兼秘书官。白居易出任翰林学士，看到了实现人生理想的希望，精神振奋，写下《赠友五首并序》，以赠友为名抒发自己的一腔抱负。

吾友有王佐之才者，以致君济人为己任，识者深许之。因赠是诗，以广其志云。

一年十二月，每月有常令。君出臣奉行，谓之握金镜。由兹六气顺，以遂万物性。时令一反常，生灵受其病。周汉德下衰，王风始不竞。又从斩晁错，诸侯益强盛。百里不同禁，四时自为政。盛夏兴土功，方春剿人命。谁能救其失，待君佐邦柄。峨峨象魏门，悬法彝伦正。

银生楚山曲，金生鄱溪滨。南人弃农业，求之多苦辛。披砂复凿石，矻矻无冬春。手足尽皴胝，爱利不爱身。畬田既慵斫，稻田亦懒耘。相携作游手，皆道求金银。毕竟金与银，何殊泥与尘？且非衣食物，不济饥寒人。弃本以趋末，日富而岁贫。所以先圣王，弃藏不为珍。谁能反古风，待君秉国钧。捐金复抵璧，勿使劳生民。

私家无钱炉，平地无铜山。胡为秋夏税，岁岁输铜钱？钱力日以重，农力日以殚。贱粜粟与麦，贱贸丝与绵。岁暮衣食尽，焉得无饥寒？吾闻国之初，有制垂不刊。傭必算丁口，租必计桑田。不求土所无，不强人所难。量入以为出，上足下亦安。兵兴一变法，兵息遂不还。使我农桑人，憔悴畎亩间。谁能革此弊，待君秉利权。复彼租傭法，令如贞观年。

京师四方则，王化之本根。长吏久于政，然后风教敦。如何尹京者，迁次不逡巡？请君屈指数，十年十五人。科条日相矫，吏力亦以勤。宽猛政不一，民心安得淳？九州雍为首，群牧之所遵。天下率如此，何以安吾民？谁能变此法，待君赞弥纶。慎择循良吏，令其长子孙。

三十男有室，二十女有归。近代多离乱，婚姻多过期。嫁女既不早，生育常苦迟。儿女未成人，父母已衰羸。凡人贵达日，多在长大时。欲报亲不待，孝心无所施。哀哉三牲养，少得及庭闱。惜哉万钟粟，多用饱妻儿。谁能正婚礼，待君张国维。庶使孝子心，皆无风树悲。

关于这组诗的写作时间，笔者同意顾学颉的意见：“复自五诗内容推之，盖即元和初官翰林学士时之作。”（《白笺拾零四则》，载《北京师范大学学报》1987 年第 6 期）

关于这组诗所赠之对象问题，谢思炜云：“其所赠之友，或亦与居易同撰《策林》之元稹欤？然‘赠友’而不言其名，或不过虚设之词，而所言乃诗人之自期欤？”（《白居易诗集校注》第 184 页）王拾遗则肯定说：“《赠友诗五首》，纯系夫子自道，表达了居易如能‘得佐邦柄’，将从这五方面开始，以实现‘致君济人’之志。”（《白居易传》第93页）笔者信从这种见解。

诗序提出“以致君济人（民）为己任”，这是白居易人生理想的第一次明确表述。所谓“致君济人（民）”，就是辅佐皇帝使他成为治国安邦的明君，推行仁政来救济苦难之中的人民。诗人以拯救天下苍生为己任，表明其对家国的责任和担当。他打算从何处着手实现这个理想，针对当时的现实问题，五首诗分别从五个方面提出改善民生的主张：第一，要顺应自然规律，严格按照时序的常令行事，以保障社会平安无虞；第二，要重视农业生产，反对舍本逐末弃农掏金，以保障人民无饥寒之困；第三，改革现行以钱为税的制度，恢复唐初以谷帛为租庸的制度，避免农民贱卖实物造成的损失；第四，改变长吏频繁变动的状况，慎选良吏，延长任职期限，保持政策连续性以安定民心；第五，改善民众晚婚晚育的状况，恢复正常的婚姻礼制，让子能尽孝、老有所养。诗人系怀天下苍生，谋划治国安邦方略，处处为百姓着想，事事求民心之安。他就是带着这种家国情怀和“以民为本”的意识，自信地走上辅君济世的岗位，自觉地进行讽喻诗的创作。

元和三年（808）四月二十八日，白居易迁任左拾遗，仍充翰林学士。

左拾遗是谏官，掌管讽谏事宜，防止朝政缺失，官阶虽然不高，地位却很重要，能直接参与朝议，可称为君主近臣。白居易为此感到很满意。

> 奉诏登左掖，束带参朝议。何言初命卑，且脱风尘吏。杜甫陈子昂，才名括天地。当时非不遇，尚无过斯位。况予蹇薄者，宠至不自意。惊近白日光，惭非青云器。天子方从谏，朝庭无忌讳。岂不思匪躬，适遇时无事。受命已旬月，饱食随班

次。谏纸忽盈箱，对之终自愧。

——《初授拾遗》

初受左拾遗之职，白居易感到又欣喜，又惭愧。他欣喜能够参与朝政，摆脱风尘小吏的辛苦，但想到才名动天地的杜甫、陈子昂的最高官职也不过谏官，又心生惭愧。他欣喜自己这样的寒门薄命人，竟然得到了皇上的恩宠，能够成为君主的近臣，却又惭愧自己不是跻身青云的人才。他欣喜君主从谏如流，有进言尽忠的大好时机，可自己上任这些天来尚未有什么谏议，面对朝廷所发的谏纸感到愧疚，尚需待机进言，努力履行谏官职责。

白居易懂得左拾遗虽然官职不大，而职责却不轻，需要有一种不计个人利害的精神来履行讽谏时政的职责："臣谨按《六典》：'左右拾遗，掌供奉讽谏。凡发令举事，有不便于时，不合于道者，小则上封，大则庭诤。'其选甚重，其秩甚卑。所以然者，抑有由也。大凡人之情，位高则惜其位，身贵则爱其身。惜位则偷合而不言，爱身则苟容而不谏。此必然之理也。故拾遗之置，所以卑其秩者，使位未足惜，身未足爱也。所以重其选者，使上不忍负恩，下不忍负心也。夫位未足惜，恩不忍负，然后能有阙必规，有违必谏。朝廷得失无不察，天下利病无不言。此国朝置拾遗之本意也。"他表明自己的态度，决心恪尽职守，勤勉从事："候陛下言动之际，诏令之间，小有遗阙，稍关损益，臣必密陈所见，潜献所闻，但在圣心裁断而已。"（《初授拾遗献书》）

古剑寒黯黯，铸来几千秋。白光纳日月，紫气排斗牛。有客借一观，爱之不敢求。湛然玉匣中，秋水澄不流。至宝有本性，精刚无与俦。可使寸寸折，不能绕指柔。愿快直士心，将断佞臣头。不愿报小怨，夜半刺私仇。劝君慎所用，无作神兵羞。

——《李都尉古剑》

白居易这首诗也作于就任左拾遗之初。名为吟咏古剑，实为托物明志，借物咏怀。此诗首先描写古剑之美好形象：这是一柄寒光幽暗的古剑，铸成已历几千个春秋。它似吸纳日月之光而闪亮无比，那紫色的剑气直冲万里星空。有一位客人想借来观赏，只因主人视如珍宝，不敢请求。它在剑匣中清澈发光，好像澄澈的秋水静止不流。诗人在极力赞美古剑的美好形象之后，就进一步颂扬古剑的优异品质，寄托自己的抱负：至贵宝物自有其本性，它那精纯和坚刚，举世无双。可以使它寸寸折断，却不能把它任意弯曲。它可以让正直之士大快心意，用它来斩断奸臣的人头。不希望用它来报一己的私怨，去刺杀个人的仇敌。劝你使用时务必谨慎从事，不要让神兵利器为你而抱愧蒙羞。诗人这是借题发挥，以古剑比喻谏官，表明自己身为谏官，应该具有刚正不阿之气，守正不阿，宁折不弯，敢于得罪权贵奸臣，而不计较个人恩怨。要谨慎履职尽责，决不能做渎职蒙羞之事。诗人此时的自负、自信和勇往直前的决心，都借一柄古剑和盘托出。他在新乐府《鸦九剑》中，亦是以剑自喻，对自己的使命有更为具体的表述："客代剑言告鸦九：君勿矜我玉可切，君勿夸我钟可刜，不如持我决浮云，无令漫漫蔽白日。为君使无私之光及万物，蛰虫昭苏萌草出。"他请客人代言：你不要夸耀我能切碎美玉，你不要赞扬我能砍伤巨钟，不如拿我去扫荡浮云，不让它漫天遮蔽太阳。使那大公无私的阳光普照大地，让沉睡的昆虫苏醒，让久枯的草木萌芽生长。他就是怀着这样的使命感走上谏官的工作岗位。

白居易如何履行谏官职责，竭力对朝政拾遗补阙呢？他在贬谪江州时所写的《与元九书》中曾经这样追记：

自登朝来，年齿渐长，阅事渐多。每与人言，多询时务。每读书史，多求理道。始知文章合为时而著，歌诗合为事而作。是时皇帝初即位，宰府有正人。屡降玺书，访人（民）急病。仆当此日，擢在翰林，身是谏官，手请谏纸。启奏之外，有可以救济人（民）病，裨补时阙（缺），而难于指言者，辄咏歌之，欲稍稍递进闻于上。上以广宸聪，副忧勤；次以酬恩奖，謇言责；下以复吾平生之志。

他为了更好地履职尽责，注意调查研究，读书思考：每与旁人谈话，常询问当前的政治民生事务；每读史籍之类图书，常探究治理天下的道理。从而白居易懂得文章应该为时代而写，诗歌应该为现实而作。于是他做谏官，除了给皇帝上书写奏状而外，还把可以解除人民痛苦、弥补朝政缺失而又不便直说的东西写成诗歌，呈献给皇帝。从此可见，一手写作谏议奏状，一手写作讽喻诗歌，左右开弓，相辅相成，是白居易为履行谏官职责、实现平生志愿而独自开辟的一条道路。

白居易在担任左拾遗和翰林学士期间，写下了数十篇奏状，就税法、供奉、和籴、讨伐藩镇、安定边防和人事任免等问题，向朝廷提出批评意见，陈述自己的建议。在有的问题上甚至不顾个人安危，逆旨直谏，力挽狂澜。也在这一时期，他开始将文学运用于政治、社会批评，大量写作讽喻诗，揭露现实政治问题，反映民生疾苦。在《白氏文集》中存录讽喻诗 172 首，这期间写的主要作品有《秦中吟》10 首和《新乐府》50 首。《秦中吟》，是作者选取在长安见闻中十件令人伤悲之事，写作成诗，揭露政治弊端，反映民生困苦，批评社会不良风习。《新乐府》是规模更大的组诗，反映的问题涉及历史、政治、经济、边防、社会风气以及礼乐教化等各个方面。在一些篇章中，作者回顾唐王朝的兴衰历史，总结治政经验教训，借以警戒现实。更多的篇章是揭露宪宗朝的现实政治和社会状况，抨击朝政的弊端，君臣的腐败，反映穷民的哀苦。诗人满怀忧国忧民的激情，用事实说话，尖锐批判黑暗势力；为百姓叫苦，充当人民大众的代言人。

宦官专权，是中唐朝政的一大痼疾。白居易旗帜鲜明地反对宦官专权，无情揭露他们篡夺军政大权，在宫廷内外胡作非为。

意气骄满路，鞍马光照尘。借问何为者，人称是内臣。朱绂皆大夫，紫绶或将军。夸赴军中宴，走马去如云。樽罍溢九酝，水陆罗八珍。果擘洞庭橘，鲙切天池鳞。食饱心自若，酒酣气益振。是岁江南旱，衢州人食人。

——《轻肥》

在这首诗里，诗人揭露宦官的嚣张气焰和他们的骄奢生活。这班人走马赴宴，在大街上气焰骄横，一副旁若无人的神态，鞍马锃亮，简直可以照亮地上的灰尘。人们不禁要问：这些是什么人？原来是一班侍候皇帝的宦官。佩朱绂的都是大夫，戴紫绶的全是将军，他们竟然都掌握了军政大权，此时正耀武扬威去军中赴宴，人马飞驰像一片乌云。诗接着描写这班内臣军中宴的奢华场景：金杯银盏斟满了佳酿美酒，桌子上摆满了海味山珍。鲜果剥的是洞庭金橘，细鲙切的是天池银鳞。这班人酒足饭饱之后更加洋洋自得，神气嚣张。诗人看到这班窃取军政大权的宦官，在大旱之年不管人民死活，这样穷奢极欲地肆意挥霍人民的血汗，异常愤慨，于是以“是岁江南岸，衢州人食人”，对他们进行谴责和声讨。一边是花天酒地、山珍海味的豪奢宴会，一边却是旱饥粮绝、人人相食的凄惨景象，诗人以这样尖锐、鲜明的对比，让人们深思这两种现象之间的内在联系，痛恨宦官专权造成的严重后果。

卖炭翁，伐薪烧炭南山中。满面尘灰烟火色，两鬓苍苍十指黑。卖炭所得何所营？身上衣裳口中食。可怜身上衣正单，心忧炭贱愿天寒。夜来城外一尺雪，晓驾炭车辗冰辙。牛困人饥日已高，市南门外泥中歇。翩翩两骑来是谁？黄衣使者白衫儿。手把文书口称敕，回车叱牛牵向北。一车炭，千余斤，宫使驱将惜不得。半匹红纱一丈绫，系向牛头充炭直。

——《卖炭翁》

诗人这首诗写一个卖炭翁的遭遇，控诉宦官到集市上任意掠夺民间货物的行径。作者题下注云："苦宫市也。"所谓"宫市"，就是宫中市买货物。中唐时期，皇宫所需的物品到市场采购，都由宦官充当宫使办理。他们到市场上名为采购，实为强取豪夺，往往白取其物，扬长而去，弄得卖货者苦不堪言。因此，著名历史学家陈寅恪说："盖宫市者，乃贞元末年最为病民之政。"（《元白诗笺证稿》第 248 页）白居易这首诗揭露宫市害民，是有真实事件为依据的。韩愈《顺宗实录》卷二记述："贞元末，以宦者为使，抑买人物，稍不如本估。末年不复行文书，置'白望'数百人于两市并要闹坊，阅人所卖物，但称宫市，即敛手付与，真伪不复可辨，无敢问所从来，其论价之高下者，率用百钱物买人直数千钱物，仍索进奉门户并脚价钱。将物诣市，至有空手而归者。名为宫市，而实夺之。尝有农夫以驴负柴至城卖，遇宦者称宫市取之，才与绢数尺，又就索门户，仍邀以驴送至内。"（《韩昌黎文外集》下卷）白居易此诗所写的卖炭翁，与卖柴农夫有着同样的遭遇。他在终南山砍柴烧炭，弄得满脸烟尘十指全乌黑。辛辛苦苦地烧炭卖钱，只是为了一家人能够吃饱穿暖。可怜他身上穿着单薄衣衫，担心炭价贱只盼望天气更冷，以求多卖几个钱养家活口。正巧夜里城外下了一场大雪，他天刚亮就驾起炭车在冰雪里赶路。到中午才到达长安南门外集市，牛困人饥，就在泥地里歇息，等待买主。只见两个人骑着马翩翩而来，原来是穿黄衣的宦官和穿白衫的爪牙。他们手里拿着文书说是皇上的命令，不由分说就将装炭的牛车向北面的皇城赶去。

一千多斤重的一车炭，宫使拉走心疼也没有办法。明明是公开掠夺，他们偏偏又扯出半匹红纱和一丈绫，系在牛头上算是充当炭钱，以示公平交易，掩人耳目。其实这点东西值多少钱啊！这和抢夺有什么区别啊！卖炭翁真是哭诉无门。诗人也没有任何评论，只是直书其事。宫使连穷困老翁一车赖以活命的木炭都要肆意掠夺，足以说明他们行径已经到了不顾百姓死活也不顾自己脸面的无耻程度。把他们横行市场、肆意掠夺的嘴脸曝光于天下，已足以表达诗人对“宫市”侵害百姓罪行的无比愤怒，全诗的字里行间，也已倾注了诗人对“宫市”受害者的满腔同情。

晨游紫阁峰，暮宿山下村。村老见予喜，为予开一樽。举杯未及饮，暴卒来入门。紫衣挟刀斧，草草十余人。夺我席上酒，掣我盘中飧。主人退后立，敛手反如宾。中庭有奇树，种来三十春。主人惜不得，持斧断其根。口称采造家，身属神策军。主人慎勿语，中尉正承恩。

——《宿紫阁山北村》

诗人这首诗记述一次在乡下的亲身见闻，揭露由宦官掌管的神策军肆意抢掠民间财物的罪行。诗人早晨游览终南山的紫阁峰，一路走下山来，到晚上只好借宿山下的村子里。村老见诗人很高兴，摆上酒饭招待诗人。诗人刚举起酒杯还没有来得及喝，一群横暴的士兵闯进大门来，他们身穿紫衣手里拿着刀斧，乱糟糟的有十几个人。他们抢过酒杯就喝，抓起盘中食物就吃，好像他们才是这里的主人。酒足饭饱之后，他们就动手要砍伐院子里的大树。这棵珍奇的大树种在这里已有三十年，村老自然舍不得砍掉，说了几句求情的话。暴徒们不管三七二十一，手持刀斧几下就砍断树根。他们自称是宫廷采造人员，属于皇家的神策军管辖。他们一亮身份，诗人连忙劝说主人：不要再作声，神策军的头目眼下正深受皇帝的恩宠，红得发紫呢!

这首诗中所说的正承恩宠的“中尉”，是指宪宗宠信的宦官吐突承璀，元和初年掌管皇家禁卫军，担任左神策护军中尉。他又于元和四年（809）领功德使，修建安国寺，为宪宗树立功德碑。因此，就有了出现“身属神策军”兼充“采造家”的暴卒，他们执行为皇家修建宫殿寺院和树立功德碑的任务，就到处砍伐大树，抢掠民间木材。诗人以亲身见闻揭露神策军的横行无忌，最后说“中尉正承恩”，其批判的锋芒不仅指向得宠的宦官吐突承璀，而且也包含滥施恩宠的皇帝。

宪宗重用宦官吐突承璀意犹未尽。元和四年（809）十月，成德军节度使王承宗叛唐，宪宗诏命左神策护军中尉吐突承璀为左右神策、河中、河阳、浙西、宣歙等道赴镇州行营兵马使、招讨处置军使，率各路军征讨。诏命一出，满朝惊怪，因为以宦官为兵马统帅，史无前例。白居易上书力言谏阻。

> 右，缘承璀职名，自昨日来臣与李绛等已频论奏，又奉宣令依前定者，臣实深知不可，岂敢顺旨便休?……然则兴王者之师，征天下之兵，自古及今，未有令中使专统领者。今神策军既不置行营节度使，即承璀便是制将。又充诸军招讨处置使，即承璀便是都统。岂有制将、都统而使中使兼之?臣恐四方闻之，必轻朝廷。四夷闻之，必笑中国。王承宗闻之，必增其气。国史记之，后嗣何观?陛下忍令后代相传，云以中官为制将、都统，自陛下始?伏乞圣虑，以此思之。臣又兼恐刘济、茂昭及希朝、从史乃至诸道将校，皆耻受承璀指麾。心既不齐，功何由立?此是资承宗之计而挫诸将之势也。伏乞圣虑又以此思之。臣伏以陛下自春宫以来，则曾驱使承璀。岁月既久，恩泽遂深。望陛下念其勋劳，贵之可也。陛下怜其忠赤，

富之可也。至于军国权柄，动关于治乱。朝廷制度，出自于祖宗。陛下宁忍徇下之情而自隳法制，从人之欲而自损圣明？何不思于一时之间，而取笑于万代之后？今臣忘身命，沥肝胆，为陛下痛言者，非不知逆耳，非不知危身。但以蝼蚁之命至轻，社稷之计至重。伏乞圣虑又以此思之。

——《论承璀职名状》（节录）

白居易等人在此奏状之前，已多次就承璀任职问题提出反对意见，而宪宗乃不改前定。因此白居易再次上书，力请皇上三思：一思由宦官统帅王师，自古至今未有，此举必贻笑大方；再思以宦官为诸军统帅，诸将不服其指挥，必将影响平叛军力；三思徇私情而破坏法制，从人欲而自损圣明，必将遗笑柄于万代。诗人最后说：我之所以舍身忘命，披肝沥胆，给陛下痛陈己见，“但以蝼蚁之命至轻，社稷之计至重”。他明确表示，为维护社稷江山，个人生命安危是微不足道的。在宦官专权，权倾天下的时代，白居易居然不顾个人安危，公然反对宦官掌控军权、统帅王师，该是何等胆略！

白居易的《宿紫阁山北村》一出，“则握军要者切齿”（《与元九书》），他毫不在意。这次为吐突承璀任统帅事又一再逆旨直谏，令皇帝不快：“白居易小子，是朕拔擢至名位，而无礼于朕，朕实难奈。”（《旧唐书·白居易传》）诗人也不畏惧，在反对宦官专权问题上这种奋不顾身的大无畏精神，令人可敬可佩。

白居易主张以仁政俭德治天下，及万民。而当朝的达官显贵却奢侈成风，大兴土木，营造园第，过着醉生梦死的豪奢生活，根本不顾平民百姓的死活。他对此愤愤不平，予以无情揭露。

谁家起甲第，朱门大道边。丰屋中栉比，高墙外回环。累累六七堂，栋宇相连延。一堂费百万，郁郁起青烟。洞房温且清，寒暑不能干。高堂虚且迥，坐卧见南山。绕廊紫藤架，夹砌红药栏。攀枝摘樱桃，带花移牡丹。主人此中坐，十载为大官。厨有臭败肉，库有贯朽钱。谁能将我语，问尔骨肉间。岂无贫贱者，忍不救饥寒？如何奉一身，直欲保千年？不见马家宅，今作奉诚园。

——《伤宅》

诗人先把豪宅曝光于天下，如实描写它的规模、设施和庭院景观：不知道是谁家的高级宅院，红漆大门矗立在大道旁。里面排列着无数高大的房子，外面围着一道高墙。六七座堂屋一座挨着一座，上栋下宇互相连结在一起。每一栋堂屋都要耗资百万，一片青堂瓦舍高耸入云天。这些豪宅不仅有光鲜的外表，内部的结构、设施也极其讲究：幽深的房子冬暖夏凉，酷暑寒冬也不影响里面。高大的堂屋宽敞而且爽朗，坐卧其中都能够望见终南山。豪宅庭院的花木配置也很雅致：围绕走廊是爬满紫藤的花架，台阶两边是开遍芍药的花栏。在院子里可以攀枝条摘樱桃，也可以欣赏带花移植来的牡丹。至此，一座豪宅已经由内而外地展示在人们面前。接着，就介绍豪宅的主人：住在这里的主人，十年来一直做着大官。他家的厨房里有吃不完而腐烂发臭的肉，仓库里堆积不用的钱多得数不过来。面对如此奢华情景，诗人想起饥寒交迫的穷苦人，愤然发出质问：谁能把我的话带给豪宅主人，问问他们，世上难道没有贫贱穷困的人吗？你有那么多钱为什么忍心不去解救他们的饥寒？为什么只奉养自己一个人，竟然妄想要活一千年？难道没有看见马燧的豪宅，他死后家人为避祸上交皇家，如今已成为奉诚园！诗人警告这些达官贵人，为富不仁，好景是不会长久的。

秦中岁云暮，大雪满皇州。雪中退朝者，朱紫尽公侯。贵有风云兴，富无饥寒忧。所营唯第宅，所务在追游。朱轮车马客，红烛歌舞楼。欢酣促密坐，醉暖脱重裘。秋官为主人，廷尉居上头。日中一为乐，夜半不能休。岂知阌乡狱，中有冻死囚。

——《歌舞》

这首诗揭露一班掌管司法大权的官僚，不管狱中囚犯死活，只顾自己寻欢作乐：寒冬腊月临近年关的时候，长安城里普降一场大雪。雪中走来一班退朝的大臣，尽是一些朱绂紫绶的公侯。达官富贵没有挨饿受冻的忧虑愁苦，大雪天只有吟雪嘲风的闲情逸致。他们所经营的只是自家的府邸宅院，所追求的只是自己的恣意游乐。他们坐着朱轮马车出来做客，楼堂里红烛高照歌舞喧天。酒酣兴浓男男女女越靠越紧密，酒醉身热干脆脱去身上的狐裘。掌管刑法的秋官做东道主，管理刑狱的廷尉坐在上头。这场歌舞宴会从中午开始，直到半夜三更还不肯收场。他们这样夜以继日地花天酒地，哪里知道阌乡的牢狱中有冻死的囚犯！

阌乡牢狱里囚犯的死活，朝廷执法高官不问不管，诗人却要仗义执言，为他们鸣冤叫屈。

右，伏闻前件县狱中有囚数十人，并积年禁系。其妻儿皆乞于道路，以供狱粮。其中有身禁多年，妻已改嫁者。有身死狱中，取其男收禁者。云是度支转运下，囚禁在县狱，欠负官物，无可填陪。一禁其身，虽死不放。……臣伏以罪坐之刑，无重于死。故杀人者罪止于死，坐赃者身死不征。今前件囚等，欠负官钱，诚合填纳。然以贫穷孤独，唯各一身。债无纳期，禁无休日。至使夫见在而妻嫁，父已死而子囚。自古罪人，未闻此苦。行路见者，皆为痛伤。况今陛下爱人之心，过于父母，岂容在下有此穷人？……伏望与宰相商量，兼令本司具事由分析闻奏。如或是实，禁系不虚，伏乞特降圣慈，发使一时放免。

——《奏阌乡县禁囚状》

白居易这篇奏状，根据调查了解的情况说明，阌乡县狱中关押的囚徒有十多人，都是因为拖欠官钱而被财政使官自行囚禁，关押在县狱的。关进监狱后，还要其家庭自己提供狱中口粮。其妻儿只有靠沿街乞讨为他们送饭。这些囚徒中，有被监禁多年，妻子已经改嫁的；有本人已在狱中死亡，又抓其儿子来关押的。都是一进牢狱，虽死不放。白居易为他们申冤叫苦，为他们向皇上求情，乞请放免。

白居易这篇奏文，也是对上述执法官僚的批判和声讨。正是那些执法官僚只顾自己寻欢作乐，玩忽职守，才使许多穷苦百姓在狱中死于非命。

白居易对许多地方官吏进奉邀宠，不择手段地敛索百姓财物，亦表示极大的愤慨，予以无情地揭露和谴责。

> 厚地植桑麻，所要济生民。生民理布帛，所求活一身。身外充征赋，上以奉君亲。国家定两税，本意在忧人。厥初防其淫，明敕内外臣。税外加一物，皆以枉法论。奈何岁月久，贪吏得因循。浚我以求宠，敛索无冬春。织绢未成匹，缲丝未盈斤。里胥逼我纳，不许暂逡巡。岁暮天地闭，阴风生破村。夜深烟火尽，霰雪白纷纷。幼者形不蔽，老者体无温。悲端与寒气，并入鼻中辛。昨日输残税，因窥官库门。缯帛如山积，丝絮似云屯。号为羡余物，随月献至尊。夺我身上暖，买尔眼前恩。进入琼林库，岁久化为尘。
>
> ——《重赋》

诗人这首诗，揭露地方官吏在国家正税之外，横征暴敛，借以进奉求宠，弄得百姓无以为生。诗以议论开篇，国家制定两税法，本意在规范税制，避免重赋伤民，明确规定两税之外加任何一物都要以违法论处。接着作者以一个农民的身份诉说繁重赋税给农民带来难以承受的负担：令人遗憾的是地方官吏没有遵守两税法，仍然沿袭已废的旧税法额外加收实物，不分春夏秋冬上门来收敛，榨取农民财物以求朝廷的宠信。常常是织的绢还不满一匹，缫的丝还不够一斤，他们就上门催缴，不允许暂缓拖延。这样就弄得农民无以为生：严冬腊月里风雪交加，白日依靠烤火取暖，到深夜烟火熄灭，小孩子盖不上一条棉被，老年人冻得身上冰冷。寒气凝结着悲愁，从鼻孔直冷到内心。接着这位农民讲述自己的一次见闻：昨天去缴纳未完的赋税，从门缝看到官库里的情况，里边有云一样屯聚的丝绵，山一样堆积的绢帛。这些都是地方官以"剩余物资"的名义，每月奉献给至尊皇帝的。于是他发出了愤怒的呐喊：夺我身上的温暖，买你眼前的恩宠！丝绸送进皇家的内库，日久不用还不是化为灰尘！

这是农民的呐喊，也是为民请命的诗人的呐喊。

> 红线毯，择茧缫丝清水煮，拣丝练线红蓝染。染为红线红于蓝，织作披香殿上毯。披香殿广十丈余，红线织成可殿铺。彩丝茸茸香拂拂，红软花虚不胜物。美人踏上歌舞来，罗袜绣鞋随步没。太原毯涩毳缕硬，蜀都褥薄锦花冷。不如此毯温且柔，年年十月来宣州。宣州太守加样织，自谓为臣能竭力。百夫同担进宫中，线厚丝多卷不得。宣州太守知不知？一丈毯，千两丝。地不知寒人要暖，少夺人衣作地衣。
>
> ——《红线毯》

诗人这首诗，揭露地方刺史进奉求宠的一个具体案例。红线毯，是一种红色丝绒地毯，在唐代是宣州的一种特殊贡品。诗中描写红线毯的制作工艺极其复杂精细，要经过择茧、缫丝、水煮、拣丝、练线、染红、编织等多道工艺，才能织成可铺披香殿的地毯。这种地毯极其精美柔软，铺在十余丈宽广的披香殿里，彩丝茸茸仿佛散发出香气，质地松软似乎承受不了东西。美人到上面轻歌曼舞，鞋袜都会隐没在地毯里。太原的毛毯又涩又硬，成都的锦褥太薄太冷，都不如这种红线毯温柔保暖。红线毯每年十月从宣州送到京城，都是宣州太守开样加丝织造的，自以为做臣子为朝廷尽心竭力。地毯线厚丝多没法卷起，就派一百个民夫抬到宫里。诗人在揭露宣州太守为了讨好皇帝处心积虑，不惜人力物力制造贡品之后，怒不可遏地对宣州太守发出责问：宣州太守你知不知道？一丈地毯需用上千两蚕丝。地并不怕冷而人需要保暖，你还是少做掠夺人衣去做地衣的事！

白居易在任左拾遗期间，不仅写诗揭露地方官吏进奉邀宠的行径，而且几次上疏谏阻地方官吏进奉求官的图谋。元和三年(808)，他写了《论于頔裴均状》，反对两个节度使请求入朝为相："臣闻诸道路，皆云：于頔、裴均累有进奉，并请入朝。伏闻圣恩，已是允许。臣侧听时议，内酌事情，为陛下谋，恐非稳便。昼夜思虑，不敢不言。"他在奏状中陈述了三条不可任用的理由，请皇上三思而后行。同年他还写了《论王锷状》，反对淮南节度使请求入朝为相："臣又闻王锷在镇日，不恤凋残，唯务差税。淮南百姓，日夜无憀。五年诛求，百计侵削。钱物既足，部领入朝。号为羡余，亲自进奉。凡有耳者，无不知之。今若授同平章事，臣恐四方闻之，皆谓陛下得王锷进奉而与之宰相也。"他知道自己"言出身危"，这样做是有风险的，但他表示："职居近密，身披恩荣，苟有闻知，即合陈露。倘言而得罪，亦臣所甘心。"（《论于頔裴均状》）为履行谏官职责，他甘心情愿承受一切不良后果。

元和三年冬天到第二年春天，江南广大地区和长安周围，天气大旱："皇帝嗣宝历，元和三年冬，自冬及春暮，不雨旱爞爞。"（《贺雨》）由于旱灾严重，农民生活极其艰难。宪宗下了"罪己诏”，并降“德音”。白居易奏请在“德音”节目中增加两项：一、《缘今时旱请更减放江淮旱损州县百姓今年租税》，二、《请拣放后宫内人》。

白居易在《缘今时旱请更减放江淮旱损州县百姓今年租税》状文中说：“伏以圣心忧轸，重降德音，欲令实惠及人，无如减放租税。……百姓未经丰熟，又纳今年租税。疲乏之中，重此征迫。人力困苦，莫甚于斯，却是今年。”为民请命之情，溢于言表。他在此后写的《杜陵叟》一诗，进一步反映了这方面的问题。

> 杜陵叟，杜陵居，岁种薄田一顷余。三月无雨旱风起，麦苗不秀多黄死。九月降霜秋早寒，禾穗未熟皆青干。长吏明知不申破，急敛暴征求考课。典桑卖地纳官租，明年衣食将何如？剥我身上帛，夺我口中粟。虐人害物即豺狼，何必钩爪锯牙食人肉。不知何人奏皇帝，帝心恻隐知人弊。白麻纸上书德音，京畿尽放今年税。昨日里胥方到门，手持敕牒榜乡村。十家租税九家毕，虚受吾君蠲免恩。

这首诗反映农民受灾绝收仍被迫缴纳租税的痛苦，怒斥地方官吏横征暴敛只求个人升官，慨叹皇帝免税的“德音”成为一纸空文。诗中写京郊杜陵的一位老农，年年耕种一顷多薄田谋生。可今年遇上春旱麦苗大半黄死，秋天遇上早寒禾穗全部青干。地方官明知灾情却不上报，力求政绩还是来急征暴敛。只好变卖桑林土地缴纳官租，可明年的穿衣吃饭又将何如？诗写到此，作者已无法控制自己的愤懑不平之情，就转换人称，代表杜陵老农痛斥官吏：剥我身上的衣，夺我口中的粮！何必钩爪锯牙食人肉，残民害物的就是豺狼！此时此刻，诗人感受到贫苦农民无以为生的痛苦，真正成了人民大众的代言者。然而，事情到此并未完结，诗人还要揭穿皇帝恩诏落实的真相，为农民再出一口怨气：不知什么人把灾情上报皇帝，皇帝发慈悲体恤百姓疾苦，白麻纸上写下恩诏，京畿灾区免除今年的赋税。可是村长昨天才来到家门，手里拿着告示贴在乡村。这时候十有九家已经交完租税，皇帝免税的恩诏成了一纸空文！诗人对这种口惠而实不至的做法，愚弄贫苦百姓的行径，也深为不满，毫不留情地予以揭露和嘲讽。

白居易为民请命，为减轻农民的额外负担，还写了《论和籴状》。和籴，是朝廷除正税外，向民间征购粮食的措施。本来是官府出钱，农民出谷，买卖双方互相协商，然后交易。后来变成强行摊派、祸害百姓的弊政。白居易的奏状中说：

> 右：臣伏见有司以今年丰熟，请令畿内及诸处和籴，令收贱谷，以利农人。以臣所观，有害无利。何者？凡曰和籴，则官出钱，人出谷，两和商量，然后交易也。比来和籴，事则不然。但令府县散配户人，促立程限，严加征摧。苟有稽迟，则被追捉。迫蹙鞭挞，甚于税赋。号为和籴，其实害人。傥依前而行，臣故曰有害无利也。

白居易谏言：官府办理和籴有害无利。因为近来和籴的实际情况，已经不是先前通过协商向农民征购粮食，而是上级下令府县摊派民家，急促地订立限期，严厉地进行征购催逼，若稍有迟延，立刻遭到逮捕，追逼鞭打比追讨赋税还要凶。号称和籴，其实害民。

白居易还以自己的亲身经历，反映百姓不堪和籴之害的痛苦。

> 臣久处村间，曾为和籴之户。亲被迫蹙，实不堪命。臣近为畿尉，曾领和籴之司。亲自鞭挞，所不忍睹。臣顷者常欲疏此人病，闻于天聪。疏远贱微，无由上达。今幸擢居禁职，列在谏官，苟有他闻，犹合陈献。况备谙此事，深知此弊。臣若缄默，隐而不言，不唯上辜圣恩，实亦内负夙愿。

白居易说自己长时间住在农村，曾为和籴之户，亲身受过追逼，实在是感到不堪忍受。我不久以前也当过京城郊区的县尉，曾经掌管和籴的政务，亲自下令鞭打百姓，目不忍看。我先前常想上书向皇上反映民间疾苦，只因和皇上关系疏远，地位微贱，没有送达的门径。现在有幸被提拔任近侍之职，属谏官之列，如果听到旁的事件，尚且应该条陈上奏，何况完全知道和籴详情，深知其中弊害。我若闭口不言，隐而不报，不仅辜负皇上圣恩，实亦有背自己的平生怀抱。

白居易这一番陈情，其体察民生疾苦的真情实感，其挺身为民请命的自觉担当，真真切切，充分展示其“致君济民”的人生抱负。

为解决和籴的弊端，白居易提出了“配户不如开场，和籴不如折籴”的建议。他主张官府出钱，开场自籴，比时价稍高一点，情愿卖谷的人自然会多，前弊自除。如果不愿开场自籴，还可以采取折籴的办法。所谓折籴，就是把农民交纳青苗地税需要交钱的部分，折价收购粮食。白居易所提建议，处处以不伤农为原则，其用心何其良苦!

白居易主张国家统一，关心边境安危，对于玩忽职守，不图收复失地的边将大加挞伐。

西凉伎，假面胡人假狮子。刻木为头丝作尾，金镀眼睛银帖齿。奋迅毛衣摆双耳，如从流沙来万里。紫髯深目两胡儿，鼓舞跳梁前致辞。应似凉州未陷日，安西都护进来时。须臾云得新消息，安西路绝归不得。泣向狮子涕双垂：凉州陷没知不知？狮子回头向西望，哀吼一声观者悲。贞元边将爱此曲，醉坐笑看看不足。享宾犒士宴三军，狮子胡儿长在目。有一征夫年七十，见弄《凉州》低面泣。泣罢敛手白将军：主忧臣辱昔所闻。自从天宝干戈起，犬戎日夜吞西鄙。凉州陷来四十年，河陇侵将七千里。平时安西万里疆，今日边防在凤翔。缘边空屯十万卒，饱食温衣闲过日。遗民肠断在凉州，将卒相看无意收。天子每思常痛惜，将军欲说合惭羞。奈何仍看西凉伎，取笑资欢无所愧？纵无智力未能收，忍取西凉弄为戏？

——《西凉伎》

诗题下注曰：“刺封疆之臣也。”唐朝的封疆大使，负有守卫边疆的重责，却坐视吐蕃侵占大片国土，不图收复，反而整天花天酒地，看狮子舞。此诗的上半篇先详细描写狮子舞的表演，演绎了凉州失陷前后令人伤心的情节，而观看的边将还津津乐道，拿它来取笑。有一个七十高龄的征夫，看了这个舞蹈却低头哭泣，抹掉眼泪痛心地向将军陈诉：“主忧臣辱是古来明训，为臣应该切记自己责任。天宝以来战乱连年不息，吐蕃不断侵占王朝土地。凉州失守四十来年，河陇沦陷七千余里。从前安西一带有万里的边疆，现在的边防却设在了凤翔。边地白白驻有十万大军，整天饱食暖衣闲度时光。凉州的遗民日夜盼望光复，将士却没有收复失地的意图。皇帝为这事时常发愁，将军说起来也应感到害羞！为什么还看着西凉的杂技，取笑寻欢丝毫没有愧意？即使缺乏收复西凉的能力，怎忍心还把西凉拿来做戏？”这一席老征夫的陈诉，也是诗人对边将玩忽职守的愤怒声讨。

城盐州，城盐州，城在五原原上头。蕃东节度钵阐布，忽见新城当要路。金鸟飞传赞普闻，建牙传箭集群臣。君臣赭面有忧色，皆言勿谓唐无人。自筑盐城十余载，左衽毡裘不犯塞。昼牧牛羊夜捉生，长去新城百里外。诸边急警劳戍人，唯此一道无烟尘。灵夏潜安谁复辨，秦原暗通何处见？鄜州驿路好马来，长安药肆黄蓍贱。城盐州，盐州未城天子忧。德宗按图自定计，非关将略与庙谋。吾闻高宗中宗世，北虏猖狂最难制。韩公创筑受降城，三城鼎峙屯汉兵。东西亘绝数千里，耳冷不闻胡马声。如今边将非无策，心笑韩公筑城壁。相看养寇为身谋，各握强兵固恩泽。愿分今日边将恩，褒赠韩公封子孙。谁能将此盐州曲，翻作歌词闻至尊？

——《城盐州》

盐州，是当时西北边境的一个要隘。贞元三年，城为吐蕃所毁，自此塞外无保障，吐蕃等外族屡屡入侵。贞元九年，朝廷下诏修筑新的盐州城，建成之后，边患平息。白居易此诗，歌颂盐州新城建成之后，吐蕃闻之惧怕，不敢再来侵犯，使这一带战事平息，道路畅通，人民得以安居乐业。进而称赞中宗时张仁愿（封韩国公）在河北修筑三受降城，使东西横绝数千里不再听见胡马之声。诗人称颂盐州城和受降城的作用，意在说明国家要安定，必须建立坚不可摧的边防。正基于边防的重要性，他对当时边将的无为进行强烈的谴责："如今边将非无策，心笑韩公筑城壁。相看养寇为身谋，各握强兵固恩泽。"他们为了常年握有重兵，稳固自己的地位，不惜养寇为患，纵敌横行，而根本不顾国家和人民的安危。诗人深刻地揭露了一些边将拥兵自重以谋私利的丑恶本质。

对于皇帝，白居易希望能够励精图治，推行仁政，改善民生。因而他对于皇帝能够顾念人民的所作所为，就予以肯定与颂赞，而对于背离仁政之道的荒唐行径，则予以无情的讽喻。

皇家的后妃制度给众多良家美女带来终生的痛苦。白居易在《请拣放后宫内人》状文中说："伏见大历以来四十余载，宫中人数，积久渐多。伏虑驱使之余，其数犹广。上则屡给衣食，有供亿靡费之烦；下则离隔亲族，有幽闭怨旷之苦。事宜省费，物贵遂情。顷者已蒙圣恩，量有拣放。闻诸道路，所出不多。臣伏见自太宗、玄宗已来，每遇灾旱，多有拣放，书在国史，天下称之。伏望圣恩，再加处分。则盛明之德，可动天心；感悦之情，必致和气。”作者借旱灾赦免之机，为众多后宫妇女请命。他同时写的《上阳白发人》一诗，借上阳宫人的传说，进一步揭露后妃制度的非人性质，为广大宫人鸣冤叫苦。

上阳人，红颜暗老白发新。绿衣监使守宫门，一闭上阳多少春。玄宗末岁初选入，入时十六今六十。同时采择百余人，零落年深残此身。忆昔吞悲别亲族，扶入车中不教哭。皆云入内便承恩，脸似芙蓉胸似玉。未容君王得见面，已被杨妃遥侧目。妒令潜配上阳宫，一生遂向空房宿。秋夜长，长夜无寐天不明。耿耿残灯背壁影，萧萧暗雨打窗声。春日迟，日迟独坐天难暮。宫莺百啭愁厌闻，梁燕双栖老休妒。莺归燕去长悄然，春往秋来不记年。唯向深宫望明月，东西四五百回圆。今日宫中年最老，大家遥赐尚书号。小头鞋履窄衣裳，青黛点眉眉细长。外人不见见应笑，天宝末年时世妆。上阳人，苦最多。少亦苦，老亦苦，少苦老苦两如何？君不见昔时吕向《美人赋》，又不见今日上阳白发歌。

诗题下注曰：“愍怨旷也。”说明此诗的主旨：怜悯宫人长期幽闭深宫，无缘得到皇帝临幸的哀愁痛苦。诗序曰：“天宝五载已后，杨贵妃专宠，后宫人无复进幸矣。六宫有美色者，辄置别所，上阳是其一也。贞元中尚存焉。”交待了写作的现实背景。诗正文即具体叙写上阳白发人的平生遭遇，展现一个幽闭深宫四十余年老宫人的悲惨命运。她十六岁入宫，如今已六十岁了，红颜少女变成了白发老妇。当年同时被选入宫的一百多人，活在世上的只剩下她一个人了。想当初离别亲人时吞悲饮泣，连哭都不准哭。前来安慰的亲族都说你有如花似玉的身子，一入宫就会得到皇上的宠爱。哪知道没等见上君王一面，就遭杨贵妃妒忌打入远离长安的洛阳上阳宫，便落得一辈子独守空房。接着她诉说自己在上阳宫数十载度日如年的幽禁生活。她身居冷宫，昏昏度日，秋夜盼天明，春日等天黑，春往秋来，都是一样的孤苦寂寞，年复一年过去，青春和生命在无声无息地消逝，唯有无数次月升月落见证她无休无止的痛苦煎熬。最后她因为宫中最年长，得到皇上遥赐的一个尚书封号，而此时她已恍如隔世之人，一副天宝末年的打扮只会引来外人的嘲笑。这其中包含着难以言传的辛酸。

老宫人的自述是对后妃制度的血泪控诉。诗人不禁为之感叹：上阳宫人，痛苦最多，少时痛苦，老了也痛苦！您不曾看过从前吕向的《美人赋》，又不看一看今日的《上阳白发歌》！诗人衷心希望吕向《美人赋》里所写的“密采艳色”的事情不再发生，此首《上阳白发歌》里所写的老宫人的悲剧不再重演。

这是一首别开生面的宫怨诗，诗人对皇家后妃制度内幕的揭露，对广大宫人悲剧命运的同情，都比历来常见的宫怨诗更为深刻，其为民请命的立场更为鲜明。

唐代道教非常兴盛，炼丹服药以求长生，成为上层社会的风气。唐代的许多皇帝都迷信道教，热衷于成仙得道，采药炼丹，结果服食之后往往中毒，以至送掉生命。宪宗李纯亦如此。白居易的《海漫漫》一诗，就是为“戒求仙”而作的。

> 海漫漫，直下无底旁无边。云涛烟浪最深处，人传中有三神山。山上多生不死药，服之羽化为天仙。秦皇汉武信此语，方士年年采药去。蓬莱今古但闻名，烟水茫茫无觅处。海漫漫，风浩浩，眼穿不见蓬莱岛。不见蓬莱不敢归，童男丱女舟中老。徐福文成多诳诞，上元太一虚祈祷。君看骊山顶上茂陵头，毕竟悲风吹蔓草。何况玄元圣祖五千言，不言药，不言仙，不言白日升青天。

诗人借古讽今，以秦始皇、汉武帝的历史教训告诫迷信道家神仙学说的统治者：秦始皇、汉武帝听信茫茫大海上有蓬莱、方丈、瀛洲三座仙山，山上长着长生不老的灵药，吃了它就能飞升上天成为神仙，就年年打发方士去求取。结果方士在漫漫大海上始终找不到蓬莱岛，也不敢回来，只得老死于船上。于是诗人说：徐福和文成这两位方士多么虚妄荒诞，向上元女仙、太一尊神祈祷又有何用？你看那骊山秦皇坟头和茂陵汉武坟头，毕竟都是悲风吹着丛生的乱草。又何况玄元圣祖老子的经典五千言，没有说过不死药，没有说过求仙，没有说过大白日里飞升青天。诗人以秦皇、汉武最终不免一死，力斥方士求仙之说的虚妄无稽，又利用唐朝皇帝所依托的始祖老子的著作《道德经》中不言药、不言仙的思想，告诫他的子孙不要违反祖训，这样的讽谏就事理俱在，具有不可辩驳的说服力。

唐朝大多数皇帝大力提倡佛教，全国官、私建立的寺院很多，占用大量土地和劳动力。元和时期这种情况也相当严重。白居易早在所撰《策林·议释教》中说："僧徒月益，佛寺日崇，劳人力于土木之功，耗人利于金宝之饰。移君亲于师资之际，旷夫妇于戒律之间。古人云：一夫不田，有受其馁者；一妇不织，有受其寒者。今天下僧尼不可胜数，皆待农而食，待蚕而衣。臣窃思之，晋、宋、齐、梁以来，天下凋弊未必不由此矣。"白居易还看到，皇帝为公主生前或死后立寺、立观的很多，往往侵占民宅用地。于是他写了《两朱阁》一诗，"刺佛寺寖多也"。

两朱阁，南北相对起。借问何人家？贞元双帝子。帝子吹箫双得仙，五云飘飖飞上天。第宅亭台不将去，化为佛寺在人间。妆阁妓楼何寂静，柳似舞腰池似镜。花落黄昏悄悄时，不闻鼓吹闻钟磬。寺门敕榜金字书，尼院佛庭宽有余。青苔明月多闲地，比屋疲人无处居。忆昨平阳宅初置，吞并平人几家地？仙去双双作梵宫，渐恐人间尽为寺。

诗人以唐德宗为他两个女儿立寺的典型事例，揭露佛寺侵占民宅用地的严重后果：有两座红色的楼阁，原属于贞元年间的两位公主。公主双双成仙之后，把它们改作佛寺留在人间。御赐的金匾悬挂在寺门上，尼院和佛堂宽阔得惊人。明月照着闲置土地上的青苔，数不清的百姓却无处安身。想当年为公主营建住宅时，并吞了多少百姓的房屋地基。公主成仙后，住宅就改作佛宫。这样下去，只怕民间田园家宅渐渐都要变成寺院，“天下凋弊未必不由此矣”！诗人惋惜一所并吞很多民地而建成的豪华宅第变成了清冷的佛寺，同情许多平民的住房却拥挤不堪，有些人甚连容身之所也没有，因而尖锐地指出“渐恐人间尽为寺”所造成的严重后果，为统治者狂热提倡佛教敲响了警钟。

白居易甚至敢于以隋炀帝荒淫亡国的历史教训，向皇帝发出忠告。

隋堤柳，岁久年深尽衰朽。风飘飘兮雨萧萧，三株两株汴河口。老枝病叶愁杀人，曾经大业年中春。大业年中炀天子，种柳成行夹流水。西自黄河东至淮，绿影一千三百里。大业末年春暮月，柳色如烟絮如雪。南幸江南恣佚游，应将此柳系龙舟。紫髯郎将护锦缆，青娥御史直迷楼。海内财力此时竭，舟中歌笑何日休？上荒下困势不久，宗社之危如缀旒。炀天子，自言欢乐殊未极，岂知明年正朔归武德；炀天子，自言福祚长无穷，岂知皇子封酅公。龙舟未过彭城阁，义旗已入长安宫。萧墙祸生人事变，晏驾不得归秦中。土坟数天何处葬？吴公台下多悲风。二百年来汴河路，沙草和烟朝复暮。后王何以鉴前王，请看隋堤亡国树。

——《隋堤柳》

这首诗通过隋堤柳今昔盛衰的情景，反映隋朝兴亡的历史。诗自“大业年中炀天子”开始，先叙写隋炀帝开凿通济渠，沿堤筑堤种柳，绿影覆盖了一千三百多里。而后写隋炀帝于大业末年南巡江都，荒淫游冶，大讲排场，恣意挥霍，弄得海内财力消耗殆尽。上荒下困，民不聊生，大隋江山也因而摇摇欲坠，危如冕上缀旒。隋炀帝一意痴迷于无穷的享乐，终于天下大乱，萧墙祸生，途中晏驾，难归秦中，只得葬身于吴公台下。诗人感慨荒淫亡国，盛世不再，因而对当代皇帝发出忠告：二百年来汴河路上，朝朝暮暮烟草茫茫。请看隋堤上亡国的杨柳，后王应该如何借鉴前王！其讽谏的意思很清楚：前车之覆，后车之鉴，历史教训应该好好记取！

白居易在担任左拾遗期间，讽谏并举，在履职写作谏书的同时，创作了许多讽喻诗。他以诗歌为武器，左右出击，英勇战斗，为完成“救济人病，裨补时阙”（《与元九书》）的战斗任务，创造了卓著的光辉业绩，铸成了他诗歌创作的黄金时代。然而这些讽喻诗，也引起各方面不同的反应，遭受许多非议，甚至到达“其不我非者，举世不过三两人”（《与元九书》）的难堪地步。针对这种情况，他在《寄唐生》一诗中，陈述自己的创作主张，表明自己的文化自信。

我亦君之徒，郁郁何所为？不能发声哭，转作乐府诗。篇篇无空文，句句必尽规。功高虞人箴，痛甚骚人辞。非求宫律高，不务文字奇。惟歌生民病，愿得天子知。未得天子知，甘受时人嗤。药良气味苦，琴淡音声稀。不惧权贵怒，亦任亲朋讥。人竟无奈何，呼作狂男儿。每逢群动息，或遇云雾披。但自声高歌，庶几天听卑。歌哭虽异名，所感则同归。

唐生名衢，关心国家大事，看到贞元、元和国是日非，忠义沦丧，时常痛哭流涕，因而以善哭闻名。白居易诗中对他说：我也是你的同道人，成天忧心忡忡，不能放声大哭，便写成乐府新诗。君哭我歌，原因相同。我写的乐府诗，篇篇没有空洞的词藻，句句包含劝谏的意思。其功用超过虞人的箴言，沉痛甚于屈原的楚辞。我不追求声韵高雅，不追求文字奇妙，只写人民的疾苦，希望让天子知道。若不能让天子知道，宁愿受时人嗤笑。要知道良药味苦利于治病，风雅正声用不着要花腔。我不怕权贵看了我的诗恼怒，也不怕因此引来亲朋的讥笑。人们对我无可奈何，甚至诬蔑我是疯子，我不跟他们计较。每遇到兵乱停息之后，或碰上云开日出之机，我就放声高歌，但愿能传到皇帝耳里，让他了解民生疾苦。我认为歌和哭名称虽不同，都缘由感触时事而发声，为引人疗救时弊的旨归是相同的。

诗人不顾来自各方面的压力，我行我素，为民生疾苦唱哀歌，希望实行仁政改变可悲的现实。其用心何其良苦，其精神何其可贵！他曾托物言志："我有鄙介性，好刚不好柔。勿轻直折剑，犹胜曲全钩。"（《折剑头》）正是这种刚正不阿的精神，使他毫无顾忌地坚持斗争，无怨无悔地承受压力。至于他"以致君济人为己任"（《赠友五首序》），把改善民生的希望寄托在开明君主身上，那是在当时历史条件下，他身为一个士大夫不可能有其他更好的报国安民之道。后人不应该苛求他。

元和五年（810）五月，白居易左拾遗的任期届满。五月五日，改任京兆府户曹参军，仍然保留翰林学士之名。这次改任官职，实际上是把他调离朝廷，下放到地方任职。不过俸禄倒增加了，可以满足多病母亲的赡养之用，所以他在《谢官状》中说："乌鸟私情，得尽欢于展养。"

白居易离开谏官的职位以后，回顾谏官时期的诗歌创作，他感慨不已。

忆昨元和初，忝备谏官位。是时兵革后，生民正憔悴。但伤民病痛，不识时忌讳。遂作秦中吟，一吟悲一事。贵人皆怪怒，闲人亦非訾。天高未及闻，荆棘生满地。

——《伤唐衢二首》其二（节录）

诗人感慨自己为拯救处于水深火热中的人民，悲歌陈情，为民请命，竟然落到了荆棘丛生的境地，寸步难行。“天高未及闻”，他委婉地表达了对君主的不满。这表明他心里已明白问题的症结何在，也说明他希望君主实施仁政改善民生的想法并不是现实可行之路。

这便是诗人为自己做谏官时期的诗歌创作所做的一个总结。

回顾“五年为侍臣”的经历，白居易对自己也有了一个较为清晰的认识。

我貌不自识，李放写我真。静观神与骨，合是山中人。蒲柳质易朽，麋鹿心难训。何事赤墀上，五年为侍臣？况多刚狷性，难与世同尘。不惟非贵相，但恐生祸因。宜当早罢去，收取云泉身。

——《自题写真》

这是白居易为自己肖像画写的一首题诗。他以调侃的口吻对自己的形象做了一番解读：静观李放给自己的写真，其神骨应该是一个山野之人，并不是做官的材料。其质地如易朽的柳蒲一样低贱，其野性如难训的麋鹿一般放纵。为何还要进入宫殿，做了五年近侍之臣？况且自己秉性刚正孤傲，不肯与奸佞同流合污。这样非但不能荣华富贵，恐怕还会给自身带来殃祸。既然如此，还不如趁早罢官还乡，与白云清泉为友。“这实际上是一种‘托物言志’的写法，借托观赏自己的肖像画而抒发宁可退隐云泉而绝不苟且同污的心志。”（王志清撰《白居易诗选》，第80页）他似乎有不祥的预感，即便有殃祸临头，也不会更改初衷。

五、丁忧下邽亦悯农

元和六年（811）四月三日，白居易母亲陈氏病逝于长安，享年五十七岁。他非常伤心，写了《慈乌夜啼》一诗，借咏慈乌表达自己对慈母的深情。

慈乌失其母，哑哑吐哀音。昼夜不飞去，经年守故林。夜夜夜半啼，闻者为沾襟。声中如告诉，未尽反哺心。百鸟岂无母，尔独哀怨深。应是母慈重，使尔悲不任。昔有吴起者，母殁丧不临。嗟哉斯徒辈，其心不如禽。慈乌复慈乌，鸟中之曾参。

白居易是由他母亲一手带大的，其母亲非常善于教育儿女，从不使用打骂手段。白居易对母亲的感情极为深厚。此诗以慈乌自比，倾诉自己的丧母之痛：慈乌失去母亲，哑哑哀鸣不停。昼夜不肯飞去，长年守着故林。天天半夜啼叫，听者为之泪沾襟。啼声似在哭诉，未尽“反哺”孝心。百鸟皆有母亲，慈乌何哀怨独深？应是慈母爱深，令慈乌悲不自胜。这字字句句，都是诗人的肺腑之言。他为慈爱的母亲离世而无比哀痛，也为自己生前未能更好地照料母亲而感到悔恨。诗的最后，诗人批评战国名将吴起不守孝道，其心肠还不如禽兽；称赞慈乌是禽鸟之中懂得孝道的孔门弟子曾参。

白居易恪守礼制，辞去官职，带领家人返回下邽故里，为母亲守孝三年。

> 旧居清渭曲，开门当蔡渡。十年方一还，几欲迷归路。追思昔日行，感伤故游处。插柳作高林，种桃成老树。因惊成人者，尽是旧童孺。试问旧老人，半为绕村墓。浮生同过客，前后递来去。白日如弄珠，出没光不住。人物日改变，举目悲所遇。回念念我身，安得不衰暮？朱颜销不歇，白发生无数。唯有门外山，三峰色如故。
>
> ——《重到渭上旧居》

白居易回到阔别十年的下邽故里——渭河边的紫兰村，在旧游之地看到当年插下的柳枝已成高林，栽种的桃苗已成老树；从前的童孺如今已长大成人，原来的老人多半已变成绕村的坟墓，诗人不禁产生人生易逝的感慨，也感到自身日渐衰老的变化。

白居易回到故里闲居，生活比较平静，心境也感到适意。

> 十年为旅客，常有饥寒愁。三年作谏官，复多尸素羞。有酒不暇饮，有山不得游。岂无平生志，拘牵不自由。一朝归渭上，泛如不系舟。置身世事外，无喜亦无忧。终日一蔬饭，终年一布裘。寒来弥懒放，数日一梳头，朝睡足始起，夜酌醉即休。人心不过适，适外更何求？
>
> 早岁从旅游，颇谙时俗意。中年忝班列，备见朝廷事。作客诚已难，为臣尤不易。况予方且介，举动多忤累。直道速我尤，诡遇非吾志。胸中十年内，消尽浩然气。自从返田亩，顿觉无忧愧。蟠木用难施，浮云心易遂。悠悠身与世，从此两相弃。
>
> ——《适意二首》

诗人解除官职回乡闲居，有一种如释重负的轻松与适意。然而回想起过往的经历，又使他感慨良多。回顾年轻时十年漫游，生活虽然艰难困苦，却懂得了许多世情时俗。中年步入仕途之后，特别是三年做谏官，自己虽然全力以赴，仍有诸多并不称职之处。这些年看到朝廷里的种种事故，也深感做一个正直有为的朝官太不容易。世上既然没有可用武之地，还不如永远离开那政治旋涡，回到农村，置身世外，无忧无虑地生活，求得个心情适意。

白居易居住在紫兰村，开始亲身接触农民的生活，在与农民交往的过程中，逐步加深了对他们贫困处境的了解和同情。

> 七月行已半，早凉天气清。清晨起巾栉，徐步出柴荆。露杖筇竹冷，风襟越蕉轻。闲携弟侄辈，同上秋原行。新枣未全赤，晚瓜有余馨。依依田家叟，设此相逢迎。自我到此村，往来白发生。村中相识久，老幼皆有情。留连向暮归，树树风蝉声。是时风雨足，禾黍夹道青。见此令人饱，何必待西成？
>
> ——《秋游原上》

诗人带着弟侄一同到秋原上闲游，早晨就趁天气凉爽出门，一路上晨露沾湿手杖，清风飘起衣襟，一行人感到非常舒心。走到一户农家，老翁热情相迎，端出新枣、晚瓜招待。彼此叙谈多年来的交情，老少一堂其乐融融，以至诗人流连忘返，一直逗留到傍晚才回家。在归途中看到田野上呈现一片丰收在望的景象，又使诗人满心欢喜。

> 世役不我牵，身心常自若。晚出看田亩，闲行旁村落。累累绕场稼，啧啧群飞雀。年丰岂独人，禽鸟声亦乐。田翁逢我喜，默起具樽杓。敛手笑相延，社酒有残酌。愧兹勤且敬，藜杖为淹泊。言动任天真，未觉农人恶。停杯问生事，夫种妻儿获。筋力苦疲劳，衣食常单薄。自惭禄仕者，曾不营农作。饱

食无所劳，何殊卫人鹤？

——《观稼》

诗人离开官场回到农村闲居，感到无牵无挂，身心比较自在。傍晚出门漫步到村边，他想看看农家收获的情况。他看到场上堆满收获的粮食，逐食的麻雀到处欢蹦乱叫。丰收的时节不光人们高兴，连鸟儿的叫声也充满欢乐。诗人遇到一位好客的田翁，拿出祭社神的余酒请诗人喝，言语动作都那么坦率，让人感到农民的善良纯真。放下酒杯问问田翁家里的生活情况，他说一家人都忙得筋疲力尽，一年下来还难以维持温饱。诗人听了十分惭愧：做官的人从来不参加劳动，饱食暖衣无所作为，跟卫人饲养的坐享华贵车子的白鹤有什么不同？

麦死春不雨，禾损秋早霜。岁晏无口食，田中采地黄。采之将何用，持以易糇粮。凌晨荷插去，薄暮不盈筐。携来朱门家，卖与白面郎。与君啖肥马，可使照地光。愿易马残粟，救此苦饥肠。

——《采地黄者》

遇到灾年，农民的生活更加艰难。诗人根据耳闻目睹，记下了一个采地黄者的境遇。这年春季大旱，冬小麦枯死，秋天早霜，庄稼又歉收。到年底家无口粮，只得到田间采地黄，拿它去换粮食。他天没亮就带着工具出门，一直到黄昏还采不满一筐。他带着地黄来到朱门大户，卖给那富贵公子：“这地黄给你喂那肥马，马吃了定会膘肥毛亮。愿用它换些马吃剩的残粮，解救我一家饥饿的肚肠。”诗人如实记录下这一幕，未加任何评论，而灾年农民无以为生的惨状，贫富之间生活条件的悬殊，已经令人难以平静：穷人的命还不如富人的马，真是惨不忍睹！

诗人对农民的贫苦生活逐步有了深入的了解之后，对照自己的处境，总是有一种自愧自责之情。

八年十二月，五日雪纷纷。竹柏皆冻死，况彼无衣民。回观村闾间，十室八九贫。北风利如剑，布絮不蔽身。唯烧蒿棘火，愁坐夜待晨。乃知大寒岁，农者尤苦辛。顾我当此日，草堂深掩门。褐裘覆絁被，坐卧有余温。幸免饥冻苦，又无陇亩勤。念彼深可愧，自问是何人？

——《村居苦寒》

元和八年（813）十二月，天降大雪，五日不止。连最耐寒的竹子柏树都被冻死，更不用说那些缺衣的贫民。诗人回看村里的情况，十有八九户都是贫民。衣服都遮不住身体，怎么能抵挡利剑般的北风。只烧些蒿草和荆棘取暖，终夜愁坐火边等待天明。于是诗人自言自语：我才知道严寒岁月，农民更加痛苦艰辛。反思自己在这时候，紧紧关上草堂房门，穿着皮袍盖着缎被，无论坐卧都有余温。既没有受冻挨饿的痛苦，又不必下地去劳动。想到贫民诗人深感惭愧，怎能不扪心自问："我算是什么特殊人物呢？"

诗人心怀儒者兼济天下的志向，愿天下的穷苦人都能得到温饱。

桂布白似雪，吴绵软于云，布重绵且厚，为裘有余温。朝拥坐至暮，夜覆眠达晨。谁知严冬月，支体暖如春。中夕忽有念，抚裘起逡巡。丈夫贵兼济，岂独善一身？安得万里裘，盖裹周四垠。稳暖皆如我，天下无寒人。

——《新制布裘》

因为白居易体弱有病，家人为他做了一件新棉袍。他拿到之后，对棉袍的质量非常满意：桂布像雪一样白，吴棉比云还要软。布袍绵软又厚重，看样子都很暖和。他穿上棉袍从早上坐到天黑，夜晚又盖着棉袍睡到天亮。半夜里忽然产生一个念头，披着棉袍起来踱步沉思：大丈夫贵在兼济天下，怎么能够独善一身？怎样才能得到宽大万里的棉袍，覆盖住广阔天地，让天下百姓都像我一样舒服暖和，再也没有受寒挨冻的人。

诗人身穿布裘，温暖如春，由此推己及人，关怀民生，提出了救济天下寒人的设想。他这种救济天下寒人的愿望，并不是心血来潮的一时闪念，而是托物言志，借歌咏新制布裘之机抒发自己梦寐以求的政治抱负。他此后在杭州刺史任上写的《醉后狂言赠萧殷二协律》、晚年在河南尹任上写的《新制绫袄成感而有咏》等诗中，都一再申述这个抱负。无论在朝在野，百姓的冷暖始终是他难以释怀的牵挂。心心念念，他总是在设想解救饥寒百姓的美好蓝图。这种美好蓝图，寄托着诗人济世拯民的宏大抱负。

白居易在居丧期间，家庭生活亦比较困难。他和弟弟白行简都辞官回家，没有了俸禄收入，尽管好友元稹等人给了不少资助，一大家子人生活还是很艰难。元和七年（812）他就决意自家种田解决生计问题。

> 种田计已决，决意复何如？卖马买犊使，徒步归田庐。迎春治耒耜，候雨辟菑畲。策杖田头立，躬亲课仆夫。吾闻老农言，为稼慎在初。所施不卤莽，其报必有余。上求奉王税，下望备家储。安得放慵堕，拱手而申裾？学农未为鄙，亲友勿笑余。更待明年后，自拟执犁锄。
>
> ——《归田三首》其二

白居易决意开始种田，打算卖掉老马买一头耕地的牛犊，迎接春耕把农具修整好，等候雨水来了就开垦荒地。目前先扶着手杖在田头站站，亲自督促仆人把活干好。他还向老农打听好了种庄稼的经验：种田要做好开头的工作，不能马虎草率。只要付出辛勤的劳动，必然会得到很好的回报。种田既要缴纳朝廷的租税，又要为自家储备粮食。那里能容许懒散怠惰，游手好闲？他还很有自信地说：学农并不是什么下贱的事，亲友们不要笑我。等到明年身体好些，我就打算亲自耕田锄地。

他果然说到做到，第二年就亲自参加农事劳动。

四十为野夫，田中学锄谷。

——《归田三首》其三（节录）

谷苗深处一农夫，面黑头班手把锄。何意故人犹识我，就田来送相公书。

——《得袁相书》

他下地锄谷，当他朋友的信送到地头时，看见谷苗深处一位脸色黝黑、头发斑白的人，手把锄头在劳动，俨然已经像一位农夫了。后来他给朋友崔群、钱徽的诗中，对这几年劳动和生活状况有更为详细的描写。

圣代元和岁，闲居渭水阳。……世虑休相扰，身谋且自强。犹须务衣食，未免事农桑。薙草通三径，开田占一坊。昼扉扃白版，夜碓扫黄粱。隙地治场圃，闲时粪土疆。枳篱编刺夹，薤垄擘科秧。穑力嫌身病，农心愿岁穰。朝衣典杯酒，佩剑博牛羊。困倚栽松锸，饥提采蕨筐。引泉来后涧，移竹下前冈。生计虽勤苦，家资甚渺茫。尘埃常满甑，钱帛少盈囊。弟病仍扶杖，妻愁不出房。传衣念褴褛，举案笑糟糠。犬吠村胥闹，蝉鸣织妇忙。纳租看县帖，输粟问军仓。

——《渭村退居寄礼部崔侍郎翰林钱舍人诗一百韵》（节录）

他和家人开田种粮，治园种菜，白天关门下地劳动，夜晚还要捣谷舂米，各种活计无所不干，捣粪、编篱、擘秧、栽松、移竹、采蕨，样样都少不了。就是这样勤苦劳作，家庭经济状况还是很拮据，常常缺粮少钱，狼狈不堪。因为田地收获除了作为家庭开支之外，还要填补沉重的租税。

有吏夜扣门，高声催纳粟。家人不待晓，场上张灯烛。扬簸净如珠，一车三十斛。犹忧纳不中，鞭责及僮仆。昔余谬从事，内愧才不足。连授四命官，坐尸十年禄。常闻古人语，损益周必复。今日谅甘心，还他太仓谷。

——《纳粟》

白居易家庭并不享有“生常免租税”的特权，所以在离职守丧期间种田还须纳税完租。他也有目睹地方官吏上门催缴租税的经历：有官吏半夜来打门，高声呐喊催缴租税。家人不敢怠慢，赶紧点灯上场。把粮食又簸扬一遍，让它净如珍珠，随即把三百斗粮食装上车。还生怕粮食不合规格，连仆人都要受到鞭责。诗人目睹这种场景之后，思前想后心里很不平静：我以前选择做官可以说是个错误，也常愧自己能力不足。接连做了四任官职，白白吃了十年禄粮。常听古人说，得失轮换势必周而复始。今天被征税我也甘心，算是把几年做官领取的禄米还回官仓。

影响诗人一家生活的，除了赋税负担，还有不期而遇的自然灾害。

太阴不离毕，太岁仍在午。旱日与炎风，枯焦我田亩。金石欲销铄，况兹禾与黍。嗷嗷万族中，唯农最辛苦。悯然望岁者，出门何所睹？但见棘与茨，罗生遍场圃。恶苗承沴气，欣然得其所。感此因问天，可能长不雨？

——《夏旱》

元和九年（814）甲午，天气大旱。烈日与热风，把地里的禾黍都烤得一片焦枯。诗人感叹在哀号的万民之中，农夫最为辛苦。可怜地盼望好收成的农夫，如今出门看到的只有荆棘和蒺藜之类的耐旱草木。面对此情此景，诗人感同身受，焦虑万分，不禁责问苍天：老天爷啊，岂能长久不下雨？你让我们怎么活啊？

其实，元和八年（813）五月，白居易丁忧期满，服除，但出仕毫无信息，只有继续在家务农。其弟白行简已应梓州刺史、剑南东川节度使卢坦之聘，前往梓州幕府工作。

白居易在居丧务农期间，心里也一直有着苦闷和矛盾，特别是丁忧期满仍闲居在家，这种苦闷和矛盾尤为剧烈。他往往“以道治心气”（《雨夜有念》），从佛、道的思想中寻求自我解脱。元和九年（814）八月中旬，他和朋友一起前往蓝田游览山水，先到王顺山上拜谒了悟真寺，写下一首一百三十韵的五言古诗，在详细叙写游览经过和所见景观之后，坦陈了自己人生失意的苦闷。

我本山中人，误为时网牵。牵率使读书，推挽令效官。既登文字科，又忝谏诤员。拙直不合时，无益同素餐。以此自惭惕，戚戚常寡欢。无成心力尽，未老形骸残。今来脱簪组，始觉离忧患。及为山水游，弥得纵疏顽。野麋断羁绊，行走无拘挛。池鱼放入海，一往何时还？身着居士衣，手把南华篇。终来此山住，永谢区中缘。今年四十余，从此终身闲。若以七十期，犹得三十年。

——《游悟真寺诗一百三十韵》（节录）

诗人以自嘲的口吻回顾自己的为官经历，说自己拙直行事，不合时宜，结果是无功无成，弄得身心交瘁。如今辞官乡居，无牵无挂，无拘无束，如池鱼放入大海。他决意信奉佛、道，永辞尘世牵累，悠闲地再活三十年。

其实诗人并没有对过去的所作所为失去自信，也不甘心永离仕途长期隐居。他的济世之志未泯，仍然希望有所作为。

爱君抱晚节，怜君含直文。欲得朝朝见，阶前故种君。知君死则已，不死会凌云。

——《栽松二首》其二

这是借松言志。诗人希望自己能像阶前青松一样始终正直为人，永葆凌云之志。

经历了几年的村居生活，白居易也体会到隐居生计的艰辛，做终生闲居的隐士不太现实。为了人生未酬的壮志，为了一家子人的生计，他还是想回到朝廷，再入仕途。

殷勤翰林主，珍重礼闱郎。煦沫诚多谢，抟扶岂所望。提携劳气力，吹簸不飞扬。拙劣才何用，龙钟分自当。

——《渭村退居寄礼部崔侍郎翰林钱舍人诗一百韵》(节录)

他希望礼部侍郎崔群、中书舍人钱徽能够费力提携，引荐自己回朝任职。

元和九年（814）冬，白居易终于接到授为左赞善大夫的诏命。他随即准备回京赴任，结束紫兰村四年的村居生活。

诗人四年的村居生活，使他近距离地接触农民，了解农民，并且亲自参加农业劳动，体验农民生活的甘苦，因而这时期写出的悯农诗，有了更多的真情实感，反映了更多的民生意愿。此时他首次明确提出了“丈夫贵兼济，岂独善一身？安得万里裘，盖裹周四垠。稳暖皆如我，天下无寒人”（《新制布裘》）的人生理想，标志着他思想境界的提高。这个理想愿望是他前半生思想行为的升华，也是他后半生惠民行为的指针。

六、江州司马青衫湿

元和九年（814），白居易回京担任赞善大夫。赞善大夫是太子东宫属官，职掌向太子劝善规过之类事宜，是一个闲散官职。此时朝廷政局已发生较大变化，宪宗和宦官势力都不愿起用白居易，便给他一个安置性的闲职。

他赁居于长安城朱雀门街东第三街昭国坊，靠近曲江池，比较偏远。每天须早起赶到皇城上朝，他开始感到不很习惯，给时任国子助教的朋友李绅叹苦。

病身初谒青宫日，衰貌新垂白发年。寂寞曹司非热地，萧条风雪是寒天。远坊早起常侵鼓，瘦马行迟苦费鞭。一种共君官职冷，不如犹得日高眠。

——《初授赞善大夫早朝寄李十二助教》

他对李绅说：你我虽然同样都是闲职散官，而我要上朝，天天须起早赶路顶风冒雪去上班，不如你不用上朝，不必起早，可以天天睡个安稳觉。看来他对赞善大夫这个难以有所作为的职位并不满意。

当时朝廷的政治环境也不美妙，朝政大权主要把持在宦官集团和旧官僚集团手里。元和十年（815）二月，李绛辞去宰相职务，宪宗立即把吐突承璀从淮南节度监军使招回长安，复任神策中尉。

宰相大多是属于或倾向于旧官僚集团的人物。

当年正月，元稹由唐州调回长安。二月，因参与永贞革新而外贬的柳宗元、刘禹锡等人也回到长安。他们同游玄都观，刘禹锡写了《元和十年自朗州承召至京，戏赠看花诸君子》一诗，其中有两句："玄都观里桃千树，尽是刘郎去后栽。"引起了宦官集团和旧官僚集团人物的警觉，认为其中语含讥刺，蔑视后起之秀，若把他们留在朝中是个麻烦，便商定把他们再度外放。三月十四日，诏授柳宗元为柳州刺史，刘禹锡为播州刺史，幸亏御史中丞裴度以禹锡母老，请移近处，于是改授连州刺史。三月二十五日，元稹出为通州司马，白居易写诗送别，抒写不平。

尽管朝中政治环境不好，白居易毫不顾忌，仍然我行我素。这时候与他过从甚密的当推張籍。張籍，字文昌，行十八，时任太常寺太祝，长于写作乐府诗，是当时著名诗人。有一次张籍来访，在白家留宿，两人彻夜长谈，写诗相赠，白居易酬酢还赠。

> 昔我为近臣，君常稀到门。今我官职冷，唯君来往频。我受狷介性，立为顽拙身。平生虽寡合，合即无缁磷。况君秉高义，富贵视如云。五侯三相家，眼冷不见君。问其所与游，独言韩舍人。其次即及我，我愧非其伦。胡为谬相爱，岁晚逾勤勤？落然颓檐下，一话夜达晨。床单食味薄，亦不嫌我贫。日高上马去，相顾犹逡巡。长安久无雨，日赤风昏昏。怜君将病眼，为我犯埃尘。远从延康里，来访曲江滨。所重君子道，不独愧相亲。
>
> ——《酬张十八访宿见赠》

"此诗写自己与张籍的交往，表现了二人交以道义的亲密友情，抒写了不与人苟同的做人原则，表现出坚持本性的立场。"（王志清撰《白居易诗选》，第 122 页）诗的第一部分，从开篇到"我愧非其伦”共十六句，写两人交往的思想与人格基础。先写张籍是一个交不为权势的正人君子，我为近臣时很少来访，我为冷官时却频频来访。然后说自身禀赋廉洁耿直，以顽拙为立身之道，平生很少与人交游，能够合得来的只有少数品质洁白的人。而张籍正是品格清高，视富贵如浮云，不阿谀权贵的人。张籍交游的人，只有中书舍人韩愈，其次就是我了。我很惭愧无法与韩愈相比。两人真可谓情投意合。诗的第二部分，自“胡为谬相爱”至“相顾犹逡巡”共八句，具体写两人的亲密关系。张氏真情来访，白氏盛情留宿，两人彻夜长谈，有说不完的知心话，清晨临别还依依不舍。诗的第三部分，自“长安久无雨”至结尾，补写张籍带着眼病，冒着飞扬的路尘，远从延康坊跑到曲江滨的昭国坊来访我，让我尤为感动。最后以“所重君子道，不独愧相亲”两句收结，强调两人之交乃是君子之交，并非只是知己私交之情。诗人称赞张籍，也是对君子之道以及对君子人格的推崇。“这既是表扬张籍，也是自我表扬，君子重君子，君君相吸，君君相惜。白居易，还是左拾遗任上的白居易！于其在通篇的揄扬中，我们却读出了通篇牢骚，满纸怨气，好不容易才被召回复出的白居易，依然故我，本性不改，‘我受狷介性，立为顽拙身’。”（王志清撰《白居易诗选》，第123页）

白居易与张籍不仅在为人处世上情投意合，而且在诗歌创作上也是志同道合的，因而极力推崇其乐府诗作品。

张君何为者，业文三十春。尤工乐府诗，举代少其伦。为诗意如何，六义互铺陈。风雅比兴外，未尝著空文。读君学仙诗，可讽放佚君。读君董公诗，可诲贪暴臣。读君商女诗，可感悍妇仁。读君勤齐诗，可劝薄夫敦。上可裨教化，舒之济万民。下可理情性，卷之善一生。始从青衿岁，迨此白发新。日夜秉笔吟，心苦力亦勤。时无采诗官，委弃如泥尘。恐君百岁后，灭没人不闻。愿藏中秘书，百代不湮沦。愿播内乐府，时得闻至尊。言者志之苗，行者文之根。所以读君诗，亦知君为人。如何欲五十，官小身贱贫。病眼街西住，无人行到门。

——《读张籍古乐府》

“此诗的写作时间，与《酬张十八夜访宿见赠》同时，诗中阐明了白居易诗观，看起来是为张籍乐府张目，也是为自己乐府诗的创作目的发微。”（王志清撰《白居易诗选》，第125页）也就是说，他是通过赞扬張籍的乐府诗，来宣扬自己的诗歌主张。所谓，“古乐府”，即拟古乐府，指沿用古题的乐府诗，与“即事名篇”的新乐府相对而言。此诗的前半部分，大力赞扬张籍的乐府诗，说张籍写了三十年的诗文，尤其擅长乐府诗歌，当代很少有人能赶上他的水平。他的创作以发扬“六义”为宗旨，除了风、雅、比、兴，从来不写空洞无物的作品。接着列举若干事例，说明其作品的社会作用：读了他的《学仙诗》，可以讽劝荒淫的国君；读了他的《董公诗》，可以教训贪暴的人臣；读了他的《商女诗》，能使凶悍的妇女和顺；读了他的《勤齐诗》，能使刻薄的男士宽仁。总而言之，上可以帮助教化，推广了能够救济万民；下可以陶冶性情，缩小了也可独善其身。实际上，诗人在这里是通过张籍乐府诗的作用，宣扬自己的创作主张，鼓吹诗歌要担负起“救济人病，裨补时阙”的政治使命。此诗的后半部分，作者对张籍的景况表示同情，对他的乐府诗不被重视表示惋惜：张籍从青春时代开始，直到两鬓斑白的而今，一生勤奋，日夜写作，弄得心力交瘁。然而当今没有采诗官，他的作品弃如泥土，日后定会湮没无闻。他年近五旬，官职卑小，生活清贫，害着眼病在街西居住，也无人问津。作者为之呼吁：希望他的诗作能在秘阁珍藏，永远没有损坏的危机；希望他的作品能在乐府中歌唱，时常传到皇帝的耳朵里。白居易在新乐府《采诗官》一诗中曾经大声疾呼："采诗官，采诗听歌导人言；言者无罪闻者诫，下流上通上下泰。……君兮君兮愿听此：欲开壅蔽导人情，先向歌诗求讽刺！"此时他又借张籍诗作受冷遇之事，再次呼吁朝廷要设采诗官，以便民情得以上达，反映民意的诗作能够发挥应有的作用。可见此时的白居易，还是左拾遗任上的白居易！

当年六月初三，京城发生了震惊朝野的大事件：宰相武元衡被暗杀。由于武元衡主张坚决讨伐地方藩镇拥兵作乱，引起某些藩将不满，有的上表大肆谩骂，有的派人前来说情，他都不屑一顾，不肯让步，于是他们就怀恨在心，欲除之而后快，有人竟然真下毒手，派刺客暗杀他。初三凌晨，武元衡去上朝，刚出所居静安里东门，突然有人从暗处以箭射他，击中其肩。又有人从树荫下窜出，用棍棒打他左腿。随从人员逃散，暴徒拉着武元衡所乘马，东南行十余步，把他杀死，取其颅骨而去。几乎同时，御史中丞裴度在通化坊也遭到暴徒袭击，头部受伤，从马上摔到沟里，幸免于死。

这个事件顿时震惊朝野，整个朝堂人心惶惶。然而大臣们竟然没有一个敢向皇上启奏。白居易不能容忍，当天中午便上书论奏，请求尽快追捕凶手，严加惩处，以雪国耻。令人意想不到的是，白居易上奏之事传开之后，朝臣中间对他的责难声骤然而起。他们指责白居易越职言事，破坏朝廷规矩。更有人趁机落井下石，指责白居易说话"浮华无行"，"甚伤名教"，牵强附会地说白居易母亲因看花坠井而死，他反而写"赏花"及"新井"诗，是大不孝行为，违反人伦，有伤名教。两个罪名凑在一起，舆论已经形成，宰相奏请外贬白居易为江州刺史。诏命一出，中书舍人王涯又上疏，说白居易所犯事迹，不宜治郡当刺史，于是又追诏改贬白居易为江州（今江西九江）司马。

关于这件事的原委以及白居易当时的想法，他在第二年写的

《与杨虞卿书》中说得很清楚。

> 去年六月，盗杀右丞相于通衢中，迸血髓，磔发肉，所不忍道。合朝震慄，不知所云。仆以为书籍以来，未有此事，国辱臣死，此其时耶？苟有所见，虽畎亩皂隶之臣不当默默，况在班列而能胜其痛愤耶？故武相之气平明绝，仆之书奏日午入。两日之内，满城知之。其不与者，或诬以伪言，或构以非语。且浩浩者不酌时事大小与仆言当否，皆曰丞郎、给舍、谏官、御史尚未论请，而赞善大夫何反忧国之甚也？仆闻此语，退而思之，赞善大夫诚贱冗耳！朝廷有非常事，即日独进封章，谓之忠，谓之愤，亦无愧矣。谓之妄，谓之狂，又敢逃乎？且以此获辜，顾何如耳？况又不以此为罪名乎？……然仆始得罪于人也，窃自知矣。当其在近职时，自惟贱陋，非次宠擢，夙夜腆愧，思有以称之。性又愚昧，不识时之忌讳。凡直奏密启外，有合方便闻于上者，稍以歌诗导之，意者欲其易入而深诫也。不我同者得以为计，媒蘖之辞一发，又安可君臣之道间自明其心乎？加以握兵于外者，以仆洁慎不受赂而憎；秉权于内者，以仆介独不附己而忌。其余附丽之者，恶仆独异，又信狺狺吠声，唯恐中伤之不获。以此得罪，可不悲乎？

诗人认为，朝廷发生国辱臣死的非常事件，皂隶小臣都不应该沉默，何况班列朝臣？自己在事发当日独进奏章，完全是出于忠诚与义愤，可以问心无愧。然而人们得知他上书事之后，就说权臣、谏官、御史尚未说话，赞善大夫怎么可以越职言事，给他罗织僭越的罪名。其中深层的原因是他当左拾遗时写过讽喻诗，不肯收受武将贿赂，不肯依附权贵，得罪了人。这些人就借机发泄旧恨，恶言中伤他，让他获罪遭贬谪。

七月下旬，贬谪诏书下达。白居易遵照闻诏即行的规定，奉诏第二天便匆匆离开长安，前往江州。

草草辞家忧后事，迟迟去国问前途。望秦岭上回头立，无限秋风吹白须。

——《初贬官过望秦岭》

白居易匆匆忙忙离开家，心中担心后边的事情。他缓步慢行出京城，边走边问前方的路途。站在望秦岭上回头眺望长安，只觉得无尽的凉风吹动自己花白的须发。他久久伫立山头，心中愁绪难平：有对家人的牵挂，有对京城的留恋，也有对自己前途的担忧。

商州馆里停三日，待得妻孥相逐行。若比李三犹自胜，儿啼妇哭不闻声。时李顾言新殁。

——《发商州》

诗人从望秦岭到商州（今陕西商县），在驿舍住了三天，等待家人赶来，然后一起继续进发。

八月初，他带着家人到达襄阳（今属湖北）。他父亲曾在襄阳任职，自己曾随父在襄阳居住，因此稍作停留。

昔到襄阳日，髯髯初有髭。今过襄阳日，髭鬓半成丝。旧游都是梦，乍到忽如归。东郭蓬蒿宅，荒凉今属谁？故知多零落，闾井亦迁移。独有秋江水，烟波似旧时。

——《再到襄阳访问旧居》

他再访自家旧居，感慨不已。自己已从一个青年小伙变成了鬓发半白的人。看看自己当年居住过的东郭宅院，景况荒凉，也不知现在的主人是谁？过去熟悉的邻居也见不到，都不知搬到哪里去了。只有江水依旧，烟波微茫。

下马襄阳郭，移舟汉阴驿。秋风截江起，寒浪连天白。本是多愁人，复此风波夕。

——《襄阳舟夜》

到襄阳以后，他就改从水路舟行，沿汉江东下。夜晚行舟，正值秋风浩荡，白浪滔天，满怀愁思的诗人此刻更加感到前途迷茫。

他所坐的船只沿着汉江顺流而下，到郢州（今湖北钟祥）靠岸，早晨在渡口登陆休息时，碰到一位京城来使，听说淮西叛军已经兵临洛阳城下，东都形势危急。

白雪楼中一望乡，青山簇簇水茫茫。朝来渡口逢京使，说道烟尘近洛阳。时淮西寇未平。

——《登郢州白雪楼》

坐落在汉江边的白雪楼，是郢州著名的胜景，建于绝壁之上，地势高拔，宜于远眺。过路之人，无不登楼一望。白居易登上白雪楼，远眺北方，只有群山重叠，水流茫茫，故乡已远在千里之外，连看一看也不可能了。而早上刚听说淮西叛军已经逼近东都洛阳，不知近况如何，更加令人挂念。真是家事、国事，事事让人纠心。

白居易路经鄂州（今湖北武昌），因有友人迎宴，登上了黄鹤楼。他乘船离开鄂州，便入长江航行，东去九江。在寂寞的江行途中，他思念不久前远谪通州（州治在今四川达州）的好友元稹，阅读他寄来的诗卷。

把君诗卷灯前读，诗尽灯残天未明。眼痛灭灯犹暗坐，逆风吹浪打船声。

——《舟中读元九诗》

诗人在夜晚伴着灯火细读元稹的诗卷，诗已读完油灯熬尽天还没有亮。眼睛发痛灭掉残灯仍在黑暗中静坐，思绪却难以平静，只听到一阵阵逆风吹起巨浪扑打孤舟之声。此时逆风吹浪之声，与诗人的思绪相应和，那奸邪当道、迫害忠良的现实情景顿时浮现在面前，一股愤懑不平之气在心里油然而生。

白居易读了元稹的“放言长句诗五首”，觉得很有味道，自己心中也有许多话要说，不妨也畅所欲言一番。于是他趁舟中空闲，在江上独吟，写成了《放言五首》。

诗人这一组诗，就社会人生的真伪、祸福、贵贱、贫富、生死诸多方面问题，纵横议论，直抒己见，感慨世事无常，真伪不辨，宣泄了自己对黑暗朝政的不满和对自身遭遇的愤懑不平，也表明了他对人生前途并没有失去自信。

> 朝真暮伪何人辨，古往今来底事无？但爱臧生能诈圣，可知宁子解佯愚？草萤有耀终非火，荷露虽团岂是珠？不取燔柴兼照乘，可怜光彩亦何殊？
>
> ——《放言五首》其一

早上是真的到晚上成为假的谁能分辨，古往今来什么样的怪事没有？世人只喜欢奸诈的臧生伪装成圣人，哪知道智慧的宁武子也会装成傻子？草萤有光毕竟不是火，荷露虽圆难道就是珍珠？若不拿燔柴之火与乘照之珠来加以比较，又何以区分它们的光亮，判定事物的真伪呢？诗人连连反问，似疑实断，以问为答，在放纵的气势中包含了多少愤懑、无奈和不甘？他对自己直言取祸，蒙冤被逐，一直忿忿不平，心存种种疑问，他不明白，世上难道没有事情的真伪、是非可言？人间公理又在哪里？

> 世途倚伏都无定，尘网牵缠卒未休。祸福回还车转毂，荣枯反覆手藏钩。龟灵未免刳肠患，马失应无折足忧。不信君看弈棋者，输赢须待局终头。
>
> ——《放言五首》其二

世途的祸福转换不可预知，尘网的纠缠事故无休无止。祸福转换如车轮转动循环往复，枯荣反复如藏钩之戏玄机莫测。龟虽灵通却不能免除被刳之祸，塞翁失马也许能避免后顾之忧。人生如同博弈，谁输谁赢，要看最后的结局。诗人由于遭受突然打击，贬谪边荒，因而产生祸福无常的感慨，难以接受这种天上飞来的横祸，但他并没有因此悲观丧气，认为输赢尚未定局，仍有祸福转化的希望，诗的字里行间，蕴含着一种笑到最后的自信。

> 赠君一法决狐疑，不用钻龟与祝蓍。试玉要烧三日满，辨材须待七年期。真玉烧三日不热，豫章木生七年而后知。周公恐惧流言日，王莽谦恭未篡时。向使当初身便死，一生真伪复谁知？
>
> ——《放言五首》其三

有一个办法可以解决疑难，不用龟甲占卦也不用蓍草卜筮。要检验真玉、假玉就烧它三天，要辨别豫树、樟树就等它七年。周公忠诚辅君也有过恐惧谣言避居东去的日子，王莽谦卑恭敬那是在他尚未篡夺王位的时候。假如他们在早些时候就死去，那么一生的真假善恶又有谁能分辨？诗人告诉人们解决疑难问题的办法，一方面是要告诫人们，辨别事物的真伪，评价人物的功过，需要经过一段时间的实践考验，忠良和奸佞的面目，只有让时间去审视才会明白真相；另一方面也告诫自己，要经得起时间的考验，等待“试玉”“辨才”期满，自会澄清事实，辨明真伪，要相信不白之冤总会有清洗之日，不能对前途丧失自信。

途中遇到大风大浪，船不得行，只得靠岸暂避。

> 扁舟厌泊烟波上，轻策闲寻浦屿间。虎蹋青泥稠似印，风吹白浪大于山。且愁江郡何时到，敢望京都几岁还。今日料君朝退后，迎寒新酎暖开颜。
>
> ——《舟行阻风寄李十一舍人》

诗人在给朋友李建的这首诗中，叙写了他途中停泊避风时上岸闲行看到的景象，也诉说了此时自己的所思所念：“且愁江郡何时到，敢望京都几岁还。”江州还没有到，他就想什么时候能够回到京都去。可见他并不甘心从此退出政治舞台，放弃“致君济人

（民）”的人生理想。

八月初，白居易终于带着家人到达江州。

> 江回望见双华表，知是浔阳西郭门。犹去孤舟三四里，水烟沙雨欲黄昏。
>
> ——《望江州》

> 浔阳欲到思无穷，庾亮楼南湓口东。树木凋疏山雨后，人家低湿水烟中。菰蒋喂马行无力，芦荻编房卧有风。遥见朱轮来出郭，相迎劳动使君公。
>
> ——《初到江州》

白居易船行快到江州时，先看到路边高立的华表，才知道那里是江州的城门。他寻思浔阳这地方应该很不错，听说在湓口东边有座庾亮楼。到达江州，看到的郡城则是一片破败的景象：民居地处低湿之地，像坐落在水烟之中，房屋全用芦苇编成，简陋得都可以透风。诗人说，来这里聊可欣慰的是，远远就看见刺史的车子出城来迎接他。

司马，名义上是刺史的佐吏，实际上是一个有职无权的闲职。“若有人畜器贮用，急于兼济者居之，虽一日不乐。”（《江州司马厅记》）胸怀济世之志的白居易，蒙冤被贬谪到偏远的江州，担任这样一个无所作为的闲职，心中怎能不郁闷？

> 面瘦头斑四十四，远谪江州为郡吏。逢时弃置从不才，未老衰羸为何事？火烧寒涧松为烬，霜降春林花委地。遭时荣悴一时间，岂是昭昭上天意？
>
> ——《谪居》

白居易遭受贬谪，被弃置江州，身心受到很大打击，弄得容颜憔悴，未老先衰。诗人心中一直愤懑不平：我未老先衰究竟是因为什么？还不是因为生于圣明时代却遭受弃置，沦为迁客。就像寒涧的苍松被大火烧成灰烬，春林的鲜花被狂风吹落在地。荣辱之变竟然发生于一瞬之间，这难道是上天的意思？

明妃风貌最娉婷，合在椒房应四星。只得当年备宫掖，何曾专夜奉帏屏？见疏从道迷图画，知屈那教配虏庭？自是君恩薄如纸，不须一向恨丹青。

——《昭君怨》

诗人不受重用反遭贬谪，心中有一腔不平与怨恨。因此他托古讽今，将汉代王昭君出塞的故事写成一篇怨辞：昭君容貌天生丽质，实有天子妃嫔之象。然而她进宫备选，一直未被君王召幸。君王见与不见全以画图为准，因而蒙受冤屈远配匈奴。这哪能只怨画工的不轨呢，根本的原因在于“君恩薄如纸”！昭君远嫁，不怨画工，而怨君王。君王昏庸糊涂，才会不问真相，一味迷信画工的画图。诗中抒写的昭君怨，实为诗人之怨，字字句句，都暗喻诗人自身。

诗人远离京城，谪居江州，心中总有一种挥之不去的天涯沦落之感。他在元和十一年（816）写了《琵琶引》一诗，借着琵琶女的不幸遭遇，尽情宣泄了自己郁积良久的天涯沦落之感。

诗序说明写作缘由：“元和十年，予左迁九江郡司马。明年秋，送客湓浦口，闻舟船中夜弹琵琶者。听其音，铮铮然有京都声。问其人，本长安倡女，尝学琵琶于穆、曹二善才。年长色衰，委身为贾人妇。遂命酒，使快弹数曲。曲罢悯默，自叙少小时欢乐事，今漂沦憔悴，转徙于江湖间。予出官二年，恬然自安。感斯人言，是夕始觉有迁谪意。因为长句歌以赠之。凡六百一十六言，命曰《琵琶行》。”诗人秋夜送客，在浔阳江头巧遇琵琶女，聆听了她的琵琶演奏，又听到琵琶女的自述，了解了她原是长安教坊的歌妓，因年长色衰，沦为商人妇，如今在江上独守空船。琵琶女沦落江湖的际遇，勾引起诗人遭受贬逐的隐痛，他从琵琶女的身上照见了自己的影子，产生了惺惺相惜、同病相怜的情感。

我闻琵琶已叹息，又闻此语重唧唧。同是天涯沦落人，相逢何必曾相识。我从去年辞帝京，谪居卧病浔阳城。浔阳小处无音乐，终岁不闻丝竹声。住近湓江地低湿，黄芦苦竹绕宅生。其间旦暮闻何物，杜鹃啼哭猿哀鸣。春江花朝秋月夜，往往取酒还独倾。岂无山歌与村笛，呕哑嘲哳难为听。今夜闻君琵琶语，如听仙乐耳暂明。莫辞更坐弹一曲，为君翻作琵琶行。感我此言良久立，却坐促弦弦转急。凄凄不似向前声，满座重闻皆掩泣。座中泣下谁最多，江州司马青衫湿。

琵琶女的动人音乐和不幸遭遇，激起诗人情感的共鸣，他想起自己迁谪沉沦的遭遇，一种同命相怜之感油然而生，顿时发出了“同是天涯沦落人，相逢何必曾相识”的深沉感慨。于是他同声相应，倾诉自己沦落江州的境遇：我从去年遭贬离开京城，谪居卧病一直在这浔阳城。浔阳这小地方没有什么音乐，一年到头听不到管弦的声音。诗人家住湓江附近地势低洼潮湿，黄芦与苦竹围绕宅院四处滋生。这种地方从早到晚能听到什么，不是杜鹃悲啼就是猿猴的哀鸣。每逢春秋季节的良辰美景，诗人常常拿了酒只有自酌自饮。难道这里没有山歌和村笛，只是呕哑嘲哳那声音实在难听。接着诗人对琵琶女说：今晚上听了你弹奏的琵琶，像是听到仙乐，两耳顿觉清明。不要推辞，请你坐下再弹奏一曲，我替你按曲子写一首《琵琶行》。琵琶女听了诗人的话也很感动，坐下来急切地弹拨琵琶弦索，凄凄切切的声音比先前更加动人心弦。那凄苦感人的乐曲声，满座的人听了无不潸然泪下，江州司马更是泪湿青衫。诗人蒙冤遭贬、沦落天下的悲苦辛酸，全在这如雨的泪水之中。“江州司马青衫湿”，一个怀有天涯沦落之恨的贬谪者形象，永远留在人们的心目之中。

诗人谪居天涯，感到报国无门，自救无力，十分苦闷，只有以道家“安时顺命”的思想安抚自己。他在给杨虞卿的信中说：“今且安时顺命，用遣岁月。或免罢之后，得以自由，浩然江湖，从此长往。”（《与杨虞卿书》）在元和十一年（816）岁末，他写了一首《岁暮》诗。

已任时命去，亦从岁月除。心中一调伏，外累尽空虚。名宦意已矣，林泉计何如？拟近东林寺，溪边结一庐。

诗人以顺从命运安排的思想，调理自己的心态，摆脱心中的痛苦，并且打算结庐于庐山东林寺附近，长期隐居林泉。他感到辅君济世已经无望，只有到庐山侍奉佛祖。后来他曾这样忆述当年的心情：“谏诤知无补，迁移分所当。不堪匡圣主，只合事空王。”（《郡斋暇日忆庐山草堂》）他就怀着这样悲愤无奈的心情，开始走上了学道、参佛之路。

江州司马这个官职，并没有具体的行政任务，因此白居易常常以游山玩水消磨时日。他在《江州司马厅记》中说：“江州，左匡庐，右江湖，土高气清，富有佳境。刺史，守土臣，不可远观游。群吏，执事官，不敢自暇佚。惟司马，绰绰可以从容于山水诗酒间。由是郡南楼、山北楼、水溢亭、百花亭、风篁、石岩、瀑布、庐宫、源潭洞、东西二林寺、泉石松雪，司马尽有之矣。苟有志于吏隐者，舍此官何求焉？”他游遍了江州附近的山水名胜，其中庐山和陶渊明故里，更是令他流连忘返的地方。

陶渊明故乡栗里，在江州西南九十里的柴桑山下。元和十一年秋天，白居易游庐山时，专程访问了陶渊明故里，写下《访陶公旧宅并序》。

予夙慕陶渊明为人，往岁渭川闲居，尝有《效陶体诗》十六首。今游庐山，经柴桑，过栗里，思其人，访其宅，不能默默。又题此诗云。

垢尘不污玉，灵凤不啄膻。呜呼陶靖节，生彼晋宋间。心实有所守，口终不能言。永惟孤竹子，拂衣首阳山。夷齐各一身，穷饿未为难。先生有五男，与之同饥寒。肠中食不充，身上衣不完。连征竟不起，斯可谓真贤。我生君之后，相去五百年。每读五柳传，目想心拳拳。昔常咏遗风，著为十六篇。今来访故宅，森若君在前。不慕樽有酒，不慕琴无弦。慕君遗荣利，老死此丘园。柴桑古村落，栗里旧山川。不见篱下菊，但余墟中烟。子孙虽无闻，族氏犹未迁。每逢姓陶人，使我心依然。

白居易一向钦慕陶渊明的处世为人，这次亲访陶渊明旧居，观其遗迹，思念其人，对陶渊明的高洁品格，更是赞赏不已。诗人在陶渊明的故里写下这首诗，通过对陶渊明人品的赞扬和向往，抒发自己的怀抱，表明自己即使长期身居困境，也要学习陶渊明保持高风亮节。诗一开头便赞扬陶渊明人品如美玉不沾尘垢，灵凤不食腥膻，坚贞而高洁。接着以古代著名的隐士伯夷、叔齐作比，认为夷齐穷饿只及一身，而陶渊明在一家数口啼饥号寒的情况下，多次拒绝官府的征聘，才称得上真贤。诗人接着直抒胸臆：我生在你的后面，我们相去五百年。每次读《五柳先生传》，都激起对您的敬佩之情。我曾经歌咏您的遗风，写作诗歌十六篇。如今造访您的旧宅，仿佛您就伫立在眼前。我不爱您的杯中酒，也不爱您的无弦琴，只爱您不图个人名利，甘心老死在这田园。诗的最后八句，写诗人对景怀人，以致依恋陶氏后人，情意绵绵，进一步表达诗人对陶渊明的仰慕之情。

庐山，在江州城南二十五里左右，是著名的风景名胜地。这里奇峰古寺，相映成趣。白居易在元和十一年（816）秋天游庐山时，在东林寺里住了一些日子，游遍了东林寺和西林寺附近的一些名胜古迹。他发现在香庐峰与遗爱寺之间，有一片风景绝佳之地，觉得这是一个远离尘俗、可以舒展身心的好地方，于是产生了修建草堂的念头。这和他被贬谪以来的思想情绪有关。

贾生俟罪心相似，张翰思归事不如。斜日早知惊鹏鸟，秋风悔不忆鲈鱼。胸襟曾贮匡时策，怀袖犹残谏猎书。从此万缘都摆落，欲携妻子买山居。

——《端居咏怀》

他谪居江州，心中一直忿忿不平，认为自己上书言事而被贬谪，与贾谊疏论时政而遭流放一样无奈，并不是像张翰思念家乡鲈鱼美味而辞官告归。若早知道夜鹰入室凶多吉少，不如像张翰一样秋风一起就告老还乡。想当年自己曾经胸怀匡时济世之良策，袖藏规劝君王惩恶扬善的谏书。可是好心没有得到好报，反而落得如今沦落天涯的境地。从此只有摆脱尘缘不问世事，买块山地同妻儿一道筑室隐居。

白居易就在第二年初春开始在庐山营建草堂，三月中旬落成，于三月二十七日入住。他即事咏怀，题诗于石上。

香炉峰北面，遗爱寺偏西。白石何凿凿，清流亦潺潺。有松数十株，有竹千余竿。松张翠伞盖，竹倚青琅玕。其下无人居，惜哉多岁年。有时聚猿鸟，终日空风烟。时有沉冥子，姓白字乐天。平生无所好，见此心依然。如获终老地，忽乎不知还。架岩结茅宇，斸壑开茶园。何以洗我耳，屋头落飞泉。何以净我眼，砌下生白莲。左手携一壶，右手挈五弦。傲然意自足，箕踞于其间。兴酣仰天歌，歌中聊寄言。言我本野夫，误为世网牵。时来昔捧日，老去今归山。倦鸟得茂林，涸鱼反清源。舍此欲焉往，人间多险艰。

——《香炉峰下新置草堂即事咏怀题于石上》

白居易在庐山建成草堂，得意洋洋，傲然自足，于是挥笔题诗于山石。诗的前一半先描写草堂的地理位置，清幽环境，以及自己对此地的喜爱之情。他在写给元稹的信中有过更为详细的描述："仆去年秋天始游庐山，到东西二林间香炉峰下，见云水泉石，胜绝第一。爱不能舍，因置草堂。前有乔松十数株，修竹千余竿，青萝为墙垣，白石为桥道。流水周于舍下，飞泉落于檐间，红榴白莲，罗生池砌。"（《与微之书》）诗人身处这样的环境中，自然是适意自得，于是就畅饮高歌，抒发心中郁积的块垒。他感叹自己久为世俗名利束缚，曾为皇帝近臣，如今终算回归自然，犹如倦鸟回茂林，涸鱼返清池。"舍此欲焉往，人间多险艰。"又表明他多么无奈：世道到处艰险难行，除此之外还有何路可走？

白居易身居庐山草堂，内心并没有逍遥自在，顾念人生，仍有种种矛盾和苦恼。

苦竹林边芦苇丛，停舟一望思无穷。青苔扑地连春雨，白浪掀天尽日风。忽忽百年行欲半，茫茫万事坐成空。此生飘荡何时定，一缕鸿毛天地中。

——《风雨晚泊》

在一个风雨之夜，诗人停舟晚泊，引起了无穷的思绪。他慨叹自己年近半百，而万事无成，仍如一缕鸿毛，飘荡在风雨漫漫的天地之中。这种功业无成的苦恼，源于他心中的理想之火并未熄灭："迢递麒麟阁，图功未有期。"（《赠写真者》）作为一名为国建功立业的功臣画图于麒麟阁，是他平生追求的理想，而今此事茫茫无期，能不令人感慨系之？

理想无期的苦闷，身世飘零的无奈，让他心烦意乱，茫然不知所措。

天长地久无终毕，昨夜今朝又明日。鬓发苍浪牙齿疏，不觉身年四十七。前去五十有几年，把镜照面心茫然。既无长绳系白日，又无大药驻朱颜。朱颜日渐不如故，青史功名在何处？欲留年少待富贵，富贵不来年少去。去复去兮如长河，东流赴海无回波。贤遇贵贱同归尽，北邙冢墓高嵯峨。古来如此非独我，未死有酒且高歌。颜回短命伯夷饿，我今所得亦已多。功名富贵须待命，命若不来知奈何？

——《浩歌行》

诗人悲愤无奈，放声浩歌，倾诉自己的所思所想。他感慨时光流逝，自己年近半百，朱颜已改，而平生追求的青史功名还不知在何处？现实处境难以违抗的无奈，让他悲观丧气，看不到出路，姑且饮酒高歌，听天由命，一切希望的实现都要等待好运的到来。他以“识时知命”自我宽慰，明哲保身，是无力抗争黑暗现实、无法改变自身命运的一种无奈之举。这种哀叹命运不济的浩歌，恰恰暴露了封建士大夫黔驴技穷的软弱本性。

“白居易虽每日优游于山水诗酒之间，但他的心境并不是很平静的。国事的垂危，人民的痛苦一直成为诗人良心上不可释去的重负。”（褚斌杰《白居易评传》第 32 页）诗人在《重题》诗中说过：“胸中壮气犹须遣，身外浮荣何足论?”他自己也承认胸中壮气尚在，仍须加以排遣。事实上，他并没有超然于世外桃源。

白居易落魄江州，并没有淡忘家国之念。

草香沙暖水云晴，风景令人忆帝京。还似往年春气味，不宜今日病心情。闻莺树下沈吟立，信马江头取次行。忽见紫桐花怅望，下邽明日是清明。

——《寒食江畔》

在寒食节，诗人在江畔信马由缰踏青漫游，见草香沙暖，碧水蓝天，立即引起思念帝京之情。帝京，对于唐代士人来说就是家国的具象。帝京长安一直是白居易心中驱之不去的牵挂，也是心心念念期盼回归的地方。他面对烂漫的春景，虽然气味依旧，景致不错，但没有个好心情，不仅因为身体不适，主要在于思京心切，怀乡情长，一腔愁绪难平。

白居易心系国家的命运，一直关心平定淮西藩镇叛乱的形势。

九江十年冬大雪，江水生冰树枝折。百鸟无食东西飞，中有旅雁声最饥。雪中啄食冰上宿，翅冷腾空飞动迟。江童持网捕将去，手携入市生卖之。我本北人今谴谪，人鸟虽殊同是客。见此客鸟伤客人，赎汝放汝飞入云。雁雁汝飞向何处？第一莫飞西北去。淮西有贼讨未平，百万甲兵久屯聚。官军贼军相守老，食尽兵穷将及汝。健儿饥饿射汝吃，拔汝翅翎为箭羽。

——《放旅雁》

此诗作于元和十年（815）。江州的冬天大雪纷飞，天寒地冻，百鸟找不到食物，从北方迁徙来的大雁更是饿得惨叫，在雪中啄草，在冰上宿息，冻僵了翅膀飞动艰难。一个儿童拿网将它捕住，拿到集市上去卖。诗人看了想到自己也是从北方来此客居，产生同病相怜的感情，就把旅雁买回来，把它放飞了，并且告诉它：你不要飞到西北去，那里淮西叛贼尚未讨平，有百万大军长期屯驻。官军与贼军一直相持不下，他们兵穷粮尽你就在劫难逃。饥饿的士兵不仅要吃你的肉，还要拔你的羽毛去做箭羽。诗人似乎在忧虑旅雁的命运，实际上他心中忧虑的是淮西战乱未平的时局。

小郡大江边，危楼夕照前。青芜卑湿地，白露泬寥天。乡国此时阻，家书何处传？仍闻陈蔡戍，转战已三年。

——《西楼》

此诗作于元和十一年（816）。诗人登上江州西楼远眺，悲叹道路梗阻，家乡音讯不通，为战乱连年不止深感忧虑：淮西吴元济叛乱已经三年了，听说至今仍未平定。

闻停岁仗轸皇情，应为淮西寇未平。不分气从歌里发，无明心向酒中生。愚计忽思飞短檄，狂心便欲请长缨。从来妄动皆如此，自笑何曾得事成。

——《元和十二年淮冠未平，诏停岁仗，愤然有感，率尔成章》

此诗作于元和十二年（817）。因为淮西平叛战争毫无进展，宪宗下诏停止元日朝贺大典，以激励前方将士。白居易听到这个消息，抑制不住爱国激情，愤然而起，想要发表檄文声讨叛贼，请求为王前驱擒敌报国。可转而又不免自笑，感到轻举妄动并不现实。诗人闻风而起，要挺身报国的激情，表明他壮志犹存，身虽在江湖而心仍忧天下。只是“壮心徒许国，薄命不如人”（《江南谪居十韵》）。诗人无力改变自己的处境。他的自笑自嘲，包含着多少无奈和辛酸！

白居易身处谪居困境，也没有忘却民生疾苦。

浔阳郊郭间，大水岁一至。闾阎半飘荡，城堞多倾坠。苍茫生海色，渺漫连空翠。风卷白波翻，日煎红浪沸。工商彻屋去，牛马登山避。况当率税时，颇害农桑事。独有佣舟子，鼓枻生意气。不知万人灾，自觅锥刀利。吾无奈尔何，尔非久得志。九月霜降后，水涸为平地。

——《大水》

江州地处长江南岸，地势不高，每逢夏秋季节长江涨水，都要遭受水灾。诗人看到一年一度的洪水泛滥，淹没许多街坊里巷，连城墙大都被冲毁。大水浩渺无边，俨如大海，远接苍天。风卷洪水翻起白浪，在烈日照射之下几乎要沸腾。房屋都被洪水毁坏，工商人士逃离而去，牛马也登山躲避。况且又到征税时节，水灾让农家损失惨重，真发愁不知如何应对？诗人同情广大民众遭受水灾之困苦，因而对那些趁机谋利的人表示愤慨：这时节有一些船夫，拼命驾船揽生意，他们不知道同情广大民众的灾难，只图谋一己的私利，故意抬高船价，趁机发黑心财。我拿这种人也没有什么办法，但你们得意的日子不会太久。等到九月霜降之后，大水退去就是平地一片，到那时你们还能趁火打劫吗？

诗人对民生疾苦的同情，出于仁爱之心。他在遭受无辜贬谪之后，由于地位、环境的变化，对弱者的同情之心更为强烈。他不仅推己及人，而且还推人及物，乃至寄同情于脱水之鱼。

> 晓日提竹篮，家僮买春蔬。青青芹蕨下，叠卧双白鱼。无声但呀呀，以气相煦濡。倾篮写地上，拨剌长尺余。岂唯刀机忧，坐见蝼蚁图。脱泉虽已久，得水犹可苏。放之小池中，且用救干枯。水小池窄狭，动尾触四隅。一时幸苟活，久远将何如？怜其不得所，移放于南湖。南湖连西江，好去勿踟蹰。施恩即图报，吾非斯之徒。不须泥沙底，辛苦觅明珠。
>
> ——《放鱼》

诗人发现仆人买来的菜蔬里有两条白鱼，只见鱼嘴一张一合没有声响，危难中用气泡相互救护。他提起菜篮往地上倾倒，尺把长的白鱼扑跳。这鱼离开泉水虽已很久，只要得到水它仍然能够复苏。于是他把鱼放进小池塘，暂时让它幸免于干枯。可小池塘狭窄水浅，稍摆动鱼尾就碰触塘沿，看来还是难以长久存活。他怜惜它没有个安身之地，又把鱼儿放进了浩大南湖。南湖连接着万里长江，鱼儿可以自由游弋一往无前。诗人不忍让两条刚买来的活鱼死于刀俎，想方设法把它们放归江湖，娓娓道来，生动表现了对危难者的同情怜悯之心。这中间，也许还包含着同病相怜的身世之慨。

诗人这种“放生”行为的可贵之处还在于它毫无功利目的，根本没有施恩望图报的企图。诗人最后告诉鱼儿：给人一点帮助就企图报答，我不是这种凡夫俗子。你不必像大蛇为报恩隋侯，辛苦地在沙底寻觅宝珠。诗人博爱无私的心地，由此更加昭然可见。

白居易在江州期间，读诗、写诗成为他生活的重要内容，也是他的一种精神寄托。他读陶渊明、谢灵运、李白、杜甫、韦应物等人的诗歌，都有自己的感应和体会。

> 吾闻达士道，穷通顺冥数。通乃朝廷来，穷即江湖去。谢公才廓落，与世不相遇。壮志郁不用，须有所泄处。泄为山水诗，逸韵谐奇趣。大必笼天海，细不遗草树。岂唯玩景物，亦欲摅心素。往往即事中，未能忘兴谕。因知康乐作，不独在章句。
>
> ——《读谢灵运诗》

谢灵运，晋、宋之交的山水诗人。谢玄之孙，袭封康乐公。先后任永嘉太守、临川内史。他本有壮图远略，但在政治上每每失意，遂寄情于山水，写下许多山水诗。白居易这首诗，写他读谢灵运诗的感受，其中明显寄托了自己的人生感慨：我听豁达明理的人说，一个人得志、不得志，都是顺从命运。得志就入朝辅政，不得志就回归江湖。谢公是个豁达放荡的人，不被朝廷赏识重用。本有壮图远略而不得施展，内心的苦闷就要有所寄托。他寄一己之情于山水诗中，奇才逸趣正适合于表达游山览胜的情致。他那模山范水的诗作，既能包举苍天大海的壮观，又于精细处可见一草一木。他岂是单单为了欣赏景物，也是想通过山水抒写怀抱。其诗在即景描写之中，往往有所寄托，有所讽喻。因而读谢康乐的诗作，不能局限于表面词句，而应该探究其内在意蕴。白居易论说谢灵运诗，亦是借以自我写照，自我评价。

常爱陶彭泽，文思何高玄。又怪韦江州，诗情亦清闲。今朝登此楼，有以知其然。大江寒见底，匡山青倚天。深夜湓浦月，平旦炉峰烟。清辉与灵气，日夕供文篇。我无二人才，孰为来其间？因高偶成句，俯仰愧江山。

——《题浔阳楼》

陶渊明，东晋诗人，曾任江州彭泽县令，后辞官归隐，其里居即在江州柴桑山下。韦应物，唐代诗人，贞元初年曾任江州刺史，擅长写山水诗。白居易平日爱读陶渊明、韦应物的诗，喜爱陶渊明文思高妙，也称道韦应物诗风清淡。如今登临浔阳楼展望江天景色，才懂得其诗风之所以如此的原因。在这里，冬天可见长江干枯见底的奇景，夏日可见庐山奇峰刺天的壮观。深夜可见湓江水中的明月，清晨可见香炉峰上的青烟。千里江山的清辉与灵气，日日夜夜浸润诗人的诗篇。原来诗文写作可得江山之助，成就高妙清雅的诗篇。而自己没有二位的才能，为什么也来到这里？因登高俯仰江山也偶有所作，却不能尽状江山之美妙，实在感到愧对前修。显然白居易并不满意自己在江州所写的作品。

翰林江左日，员外剑南时。不得高官职，仍逢苦乱离。暮年逋客恨，浮世谪仙悲。吟咏流千古，声名动四夷。文场供秀句，乐府待新辞。天意君须会，人间要好诗。

——《读李杜诗集因题卷后》

李白、杜甫是唐代两位伟大诗人。李白被贺知章称为谪仙人，曾任翰林供奉，晚年流落江南一带。杜甫在安史之乱中辗转流寓剑南道首府益州（今四川成都）等地，后被朝廷授予检校工部员外郎，归朝途中因身体有病、北方战乱流落江湖而卒。白居易读了李杜诗歌合集，在诗集卷后写下这篇读后感，感叹两位诗人的不幸遭遇，赞扬他们的不朽诗篇：李白流落江南，杜甫流寓剑南，没得到高官职位，正遭逢乱离年代。杜甫晚年以流落江湖不能归朝为恨，李白一生以报国无门的悲剧告终。可是他们的诗篇流传千古，他们的声名传扬四海。文坛上到处传诵他们的佳作秀句，教坊里等待演唱他们的乐府新辞。看来是天意让他们流离受难，因为人间需要好诗。白居易实际上是以自身的境遇与他们相比，借以自我安慰亦自我勉励，勉励自己要以李、杜为榜样，虽身处沦落困境，仍要努力写作，为人间提供好诗。

白居易的确是这样做的。他在江州期间，以写诗为业，也以写诗为乐："道屈才方振，身闲业始专。"（《江楼夜吟元九律诗成三十韵》）"清瘦诗成癖，粗豪酒放狂。"（《四十五》）

> 人各有一癖，我癖在章句。万缘皆已销，此病独未去。每逢美风景，或对好亲故。高声咏一篇，恍若与神遇。自为江上客，半在山中住。有时新诗成，独上东岩路。身倚白石崖，手攀青桂树。狂吟惊林壑，猿鸟皆窥觑。恐为世所嗤，故就无人处。
>
> ——《山中独吟》

白居易对于写诗，有一种特别爱好，始终勤奋写作，吟哦不辍。他说：自己目前对于功名利禄之类已经万念俱销，只有喜好写诗的毛病没有去除。每逢良辰美景，或亲朋好友相聚，总是要吟诵一首，得意时常感到如有神助。贬谪江州以来，自己多半住在山上，有时写成一首新诗，就独自走到东岩，身靠白石岩，手攀桂树枝大声吟诵。狂吟的声音惊动整个山林，引来猿猴、鸟雀偷偷观看。诗人独上山林吟诵是因为害怕被世人耻笑，只能找个没人的地方自我宣泄一番。

白居易在江州写下大量的自我宣泄之作，抒发沦落天涯的不平与哀怨，徜徉山水的闲逸与情趣。不过他对这些诗作也不很满意，曾经批评过自己："进士粗豪寻静尽，拾遗风采近都无。"（《早春闻提壶鸟因题邻家》）的确，他这时期的诗作虽然没有忘怀现实，但干预现实的锐气已经明显减少，所写的十多首讽喻诗也大都是自伤自叹之词。

在江州，白居易对自己前半生的生活道路和创作实践做了全面的回顾和总结，写下了《与元九书》，将自己历年来写的诗编纂成十五卷诗集。

在《与元九书》中，白居易首先回顾了我国诗歌发展变化的历史，慨叹“六义”衰微，诗道崩坏：“上不以诗补察时政，下不以歌泄导人情，乃至于谄成之风动，救失之道缺。”提出自己的文学主张：“文章合为时而著，歌诗合为事而作。”表明自己从事创作的初衷：“仆常痛诗道崩坏，忽忽愤发。或食辍哺，夜辍寝，不量才力，欲扶起之。”他对诗道崩坏非常痛心，十分焦急，因此不遗余力，废寝忘食，要努力加以补救。接着他回顾了自己“始得名于文章，终得罪于文章”的经历，表明对自己的追求并不后悔，认为“诗人多蹇”，自古如此，前辈的李、杜亦穷悴终身，自己“今之迍穷，理固然也”。认为自己目前处境这样狼狈，也是理所当然的，不必怨天尤人。

白居易认为，自己虽在政治仕途上遭受挫折，未能得志，但历年来所写的几百首诗却足以自矜自慰。因此，他从书箱里拣出新旧诗稿，分为讽喻诗、闲适诗、感伤诗、杂律诗四类，编成十五卷。关于诗的分类及其内容，他在《与元九书》中做过说明。

仆数月来，检讨囊帙中，得新旧诗。各以类分，分为卷目。自拾遗来，凡所遇所感，关于美刺兴比者；又自武德讫元和，因事立题，题为《新乐府》者，共一百五十首，谓之讽谕诗。又或退公独处，或移病闲居，知足保和，吟玩性情者一百首，谓之闲适诗。又有事物牵于外，情理动于内，随感遇而形于叹咏者一百首，谓之感伤诗。又有五言七言长句绝句，自一百韵至两韵者四百余首，谓之杂律诗。凡为十五卷，约八百首。

古人云：“穷则独善其身，达则兼济天下。”仆虽不肖，常师此语。……仆志在兼济，行在独善。奉而始终之则为道，言而发明之则一为诗。谓之讽谕诗，兼济之志也。谓之闲适诗，独善之义也。故览仆诗者，知仆之道焉。其余杂律诗，或诱于一时一物，发于一笑一吟，率然成章，非平生所尚者。但以亲朋合散之际，取其释恨佐欢。今诠次之间，未能删去，他时有为我编集斯文者，略之可也。

综合上述两段文字的意思，白居易将自己作品分类的原则，主要根据作品的思想内容及其社会功能。讽喻诗是体现兼济天下志愿、批评社会现实与时事政治的作品。闲适诗是体现独善其身、抒写个人闲适生活情趣的作品。感伤诗是抒写个人不幸际遇以及社会上种种可伤可感之事的作品。杂律诗则是另外以作品体裁立类的。

诗集编成后，白居易在卷末题了一首诗：

一篇长恨有风情，十首秦吟近正声。每被老元偷格律，元九向江陵日，尝以拙诗一轴赠行，自是格变。苦教短李伏歌行。李二十尝自负歌行，近见予乐府五十首，默然心伏。世间富贵应无分，身后文章合有名。莫怪气粗言语大，新排十五卷诗成。

——《编集拙诗成一十五卷，因题卷末，戏赠元九、李二十》

白居易第一次自编诗集完成之后，对自己的创作颇为自负，做了一个自我评价。他认为一首《长恨歌》颇具风韵情致，十首《秦中吟》接近雅正之声。他进而向诗友元稹、李绅戏谑自夸：元九常常偷取我的风格韵律，李二十不得不佩服我的乐府歌行。他想到自己目前的境遇，认为世上的富贵大概没有我的份儿，留下的诗文在我死后应该赢得声名。这是白居易对自己文学成就的自许，也是不满自己命运遭际的牢骚。最后，诗人以故作自傲的语气，夸说自己编成诗集的得意心情。

元和十三年（818）十二月二十日，白居易奉诏任命为忠州刺史。他接到诏命非常高兴，不仅贬谪期比自己预料的缩短了，而且得以升迁为一州刺史，因此他顿时重振起对前途的信心："乡觉前程近，心随外事宽。生还应有分，西笑问长安。"（《自江州司马授忠州刺史仰荷圣泽聊书鄙诚》）他告诉友人自己壮志犹存，锐气未消，日后还会有所作为："他日秉钧如见念，壮心直气未全销。"（《江西裴常侍以优礼见待又蒙赠诗辄叙鄙诚用伸感谢》）这说明诗人遭受贬谪之后，并没有真正放弃自己的理想追求。

白居易离开江州，最令他依恋不舍的是庐山草堂。

三间茅舍向山开，一带山泉绕舍回。山色泉声莫惆怅，三年官满却归来。

——《别草堂三绝句》其三

诗人告别草堂时，看着亲自设计的三间茅舍，亲自参与开凿绕舍山泉，亲自栽种的花草树木，都要与之别离而去，真有难言的惆怅，难舍的依恋，甚至许诺忠州三年官满之后还要回来。

七、忠州且作三年计

元和十四年（819）二月初，白居易带着家人离开江州，乘官船前往忠州（今重庆忠县）赴任。春天的长江水势较大，逆水行舟，走得很慢。在船上静坐无事，他思前想后，回顾了过往的仕途经历，反思自己的所作所为，写了一首五十韵的五言排律，给同行的弟弟白行简。其中反思的一段最能反映他当时的思想状况。

老见人情近，闲思物理精。如汤探冷热，似博斗输赢。险路应须避，迷途莫共争。此心知止足，何物要经营？玉向泥中洁，松经雪后贞。无妨隐朝市，不必谢寰瀛。但在前非悟，期无后患婴。多知非景福，少语是元亨。晦即全身药，明为伐性兵。昏昏随世俗，蠢蠢学黎甿。鸟以能言绁，龟缘入梦烹。知之一何晚，犹足保余生。

——《江州赴忠州至江陵已来舟中示舍弟五十韵》

诗人总结自己过去的经验教训，得出的结论是：为人要知足，为官要谨慎从事，这样方能确保余生的安全。他说：自己年纪大了见识多了才懂得人情世故，空闲下来仔细想想才明白事物道理。人世如汤锅，要试冷热才能涉足，世事似博弈，人人都在争斗输赢。险路应该回避，迷途不可相争。人心要知足，不必苦苦经营。要保持自身贞洁，不妨隐居于朝市，倒用不着揖别尘世。一个人懂得前非，是为防止后患。多知并不是洪福，少说话才是大吉。韬光养晦方能全身保命，锋芒毕露容易伤及自身。不妨昏昏跟随世俗，蠢蠢学习贫民。鸟因会叫而被人捕获，龟缘入梦而遭人烹食。懂得了这些道理，就足以保全余生。

诗人这一席话，并不是无的放矢空发议论，而是反思自己仕途经历之后得出的经验教训，打算作为自己今后的行动指针。他认为自己以往惹祸吃苦，在于“多知”而“能言”，为了确保后半生的安全，就要韬光养晦，改变为人处事的方法，务必谨言慎行，回避风险。他这样总结经验教训，自然是消极的，却真实地反映他当时的思想状况，也确实在一定程度上影响他后半生的实际行动。值得注意的是，他只是认为要改变自己为人处事的方法，并没有放弃自己的理想追求和人格追求，正如前面引诗所言：“壮心直气未全消”。他打算退隐于朝市，主要为了回避政治旋涡的风险。至于“昏昏随世俗，蠢蠢学黎甿”之类，未必是真心话，实际上他以后也没有这样去做。

路经岳阳（今湖南岳阳）时，他停舟上岸，登上了岳阳楼，并在上面题诗一首，抒写心向长安的情怀。

> 岳阳城下水漫漫，独上危楼凭曲栏。春岸绿时连梦泽，夕波红处近长安。猿攀树立啼何苦，雁点湖飞渡亦难。此地唯堪画图障，华堂张与贵人看。
>
> ——《题岳阳楼》

岳阳城下水势浩瀚无边，诗人独自登上岳阳楼眺望：洞庭湖水涨草绿，远连着云梦大泽，看那夕照波红之处，似乎接近京城长安。诗人所描绘的既是洞庭湖的晚景，也是此时此刻自己的心境。他感觉到自己从江州司马升迁为忠州刺史，和长安又接近了一步，似乎长安就在目光可及之处。然而他也懂得前行的道路仍很艰难。

于是他看到岸边的猿猴在树上啼哭，大雁在湖上艰难地点水飞翔，不知何时才能到达彼岸。诗人融情于景的笔墨曲折地传达了他对京城的眷恋之苦。诗的结尾说，把此处的风景画下来，可张挂在富贵人的厅堂里供他们欣赏，不过他们对于“夕波红处近长安”的意境和猿啼雁飞的凄苦，是不会理解的。

三月十日，白居易官船行至峡中，与元稹的官船迎面相遇。元稹是从通州司马迁授虢州长史，顺江东下。两人不期而遇，喜出望外，随即停舟夷陵（今湖北宜昌），促膝长谈。两人从元和十年（815）三月于长安分别以来，已经五年不见，此次会晤，真是一言难尽，难分难舍。第二天元稹反棹送白居易至下牢戍。第三天，在两人将别未别、引舟上下之际，忽闻石间泉声，舍舟步入缺岸，发现一个怪石嶙峋的山洞。白居易、元稹和白行简三人相与入洞游览，各自赋诗书于石壁，白居易作序，将此洞命名为“三游洞”。分别之时，白居易还写了一首长诗，抒发与元稹久别重逢的喜悦和依依惜别的心情。

> 沣水店头春尽日，送君上马谪通川。夷陵峡口明月夜，此处逢君是偶然。一别五年方见面，相携三宿未回船。坐从日暮唯长叹，语到天明竟未眠。齿发蹉跎将五十，关河迢递过三千。生涯共寄沧江上，乡国俱抛白日边。往事渺茫都似梦，旧游零落半归泉。醉悲洒泪春杯里，吟苦支颐晓烛前。莫问龙钟恶官职，且听清脆好文篇。微之别来有新诗数百篇，丽绝可爱。别来只是诗成癖，老去何曾更酒颠。各限王程须去住，重开离宴贵留连。黄牛渡北移征棹，白狗崖东卷别筵。黄牛、白狗皆峡中地名，即与微之遇别之所也。神女台云闲缭绕，使君滩水急潺湲。风凄暝色愁杨柳，月吊宵声哭杜鹃。万丈赤幢潭底日，一条白练峡中天。君还秦地辞炎徼，我向忠州入瘴烟。未死会应相见在，又

知何地复何年？

——《十年三月三日别微之于沣上十四年三月十一日夜遇微之于峡中停舟夷陵三宿而别言不尽者以诗终之因赋七言十七韵以赠且欲记所遇之地与相见之时为他年会话张本也》

这首诗，记录了诗人与好友元稹在长江旅途偶遇的事情始末，抒写了其间波澜起伏的感情变化，在在表明真情厚谊的弥足珍贵，为两人的交往史留下了浓墨重彩的一笔。

白居易官船进入三峡之后，迎面而来的是山高水险的奇景：“上有万仞山，下有千丈水。苍苍两崖间，阔狭容一苇。”（《初入峡有感》）诗人的心情又喜又忧。

不知远郡何时到，犹喜全家此去同。万里王程三峡外，百年生计一舟中。巫山暮足沾花雨，陇水春多逆浪风。两片红旌数声鼓，使君艛艓上巴东。

——《入峡次巴东》

船行至西陵峡与巫峡交接处的巴东县，诗人心想不知忠州何时可到，值得高兴的是此行能够全家同往。转而想到“万里王程三峡外，百年生计一舟中”。又不免产生某种忧惧之情。正当春日，虽雨多浪急，行船仍然一帆风顺：“两片红旌数声鼓，使君艛艓上巴东。”上巴东时船上击鼓扬旗，诗人的情绪顿时振奋起来。

官船进入瞿塘峡，正当夜间，前景迥然不同，诗人不禁惊叹起来。

瞿唐天下险，夜上信难哉。岸似双屏合，天如匹帛开。逆风惊浪起，拔篸暗船来。欲识愁多少，高于滟滪堆。

——《夜入瞿唐峡》

瞿塘峡是三峡最危险的一段，巨石滟滪堆正当峡口，过船极易触礁。夜间行船过峡，风险更大。因此诗人开头惊呼：“瞿唐天下险，夜上信难哉。”接着就描写形势之险峻：两岸山崖如双屏关合，只露出窄如匹帛的一线天。夜间又遇逆风惊浪，上流还有暗船驶来。通过这样的地段真叫人愁上加愁："欲识愁多少，高于滟滪堆。"诗人担心的是安全问题："长恐不才身，复作无名死。"（《初入峡有感》）弄不好怕连性命都难保。

诗人一路上有惊无险，忧喜参半，总算于三月二十八日平安到达了忠州。唐代的忠州，属山南东道，城在长江北岸，居民沿山筑室而居，是一座山城。

白居易官船到忠州时，卸印刺史李景俭带领下属官吏已在岸边迎接。他和李景俭本是老友，两人见面，非常高兴。但是诗人对忠州山城的最初印象不是很好。

好在天涯李使君，江头相见日黄昏。吏人生梗都如鹿，市井疏芜只抵村。一只兰船当驿路，百层石磴上州门。更无平地堪行处，虚受朱轮五马恩。

——《初到忠州赠李六》

这是诗人写给李景俭的诗，感谢他傍晚还到江边迎接他，同时坦率地写下自己对忠州的最初印象：吏人动作生硬缺乏礼仪教养，市井萧条荒凉像个乡村。一只小船当驿路，百层石阶上州门。城里没有平坦可行之路，五马朱轮也就没有可用之地。

他在忠州，尽管是一州之长，生活条件也不很好，衣食住行都不习惯。

山上巴子城，山下巴江水。中有穷独人，强名为刺史。时时窃自哂，刺史岂如是？仓粟喂家人，黄缣裹妻子。忠州刺史以下悉以畲田粟给禄食，以黄绢支给充俸。莓苔翳冠带，雾雨霾楼雉，衙鼓暮复朝，郡斋卧还起。回头望南浦，亦在烟波里。而我复何嗟，夫君犹滞此。

——《南宾郡斋即事寄杨万州》

忠州雾雨阴天多，空气很潮湿。忠州刺史的禄米给的是畬田粟，诗人家也吃这种粮食。每月的俸钱发的是当地织的黄绢，妻子就穿黄绢做的衣裳。再加“旱地荒园少菜蔬”“饭下腥咸白小鱼”（《即事寄微之》），白居易在这里生活相当艰苦，因此他自哂自己是“独穷人”，“刺史岂如是”？

白居易来到这个僻远落后的地方，尽管生活条件很艰苦，但他并不灰心丧气，还是打算要有一番作为。他在《忠州刺史谢上表》中对朝廷表示：“誓当负刺慎身，履冰厉节。下安凋瘵，上副忧勤。未死之间，期展微效。”他要勤恳工作，解除民生痛苦，在有生之年，期望略见成效。具体实施计划，他心中也在考虑。

> 无论海角与天涯，大抵心安即是家。路远谁能念乡曲，年深兼欲忘京华。忠州且作三年计，种杏栽桃拟待花。
>
> ——《种桃杏》

诗人首先叫自己安下心来：无论身在天涯海角，只要心安便是家园。家乡路途遥远不用去想它，何时能够回京也不必去考虑。还是在忠州定个三年计划吧，动手种杏树、栽桃树，期待它们开花结果。俗话说“桃三年杏四年”，栽桃种杏三四年就能开花结果，自己在三年任期内只要付出努力，总是可以有所成效的。

> 东坡春向暮，树木今何如？漠漠花落尽，翳翳叶生初。每日领僮仆，荷锄仍决渠。划土壅其本，引泉溉其枯。小树低数尺，大树长丈余。封植来几时，高下齐扶疏。养树既如此，养民亦何殊？将欲茂枝叶，必先救根株。云何救根株，劝农均赋租。云何茂枝叶，省事宽刑书。移此为郡政，庶几氓俗苏。
>
> ——《东坡种花二首》其二

诗人先写自己带领仆人种花木，铲土培根，引水灌溉，培植养护，使其枝叶茂盛。后半“养树既如此，养民亦何殊”以下，由

“养树”引申到为政“养民”：养民也必须先救其根株，所谓救其根株，就是要鼓励农业生产，使赋税田租的负担均衡合理，减少扰民的工役，放宽刑罚的尺度。诗最后说：把种花的道理用到州郡的治理上，就有希望解救老百姓的困苦。

看来白居易在忠州的为政计划已经考虑成熟，他决定按照“劝农均租、省事宽刑”的办法施政安民，治理忠州。

诗人忧念民生，也关心国事。事情发生在二月九日，淄青兵马使刘悟，斩李师道并男二人首级请降，师道所管二十州平。朝廷二月二十一日发出的制书，送到忠州已经四月初了。白居易听到这个消息，为平定藩镇的胜利欢欣鼓舞，立即写了《贺平淄青表》表示祝贺。

> 臣某言：伏见二月二十二日制书，逆贼李师道已就枭戮者。皇灵有截，睿算无遗。妖氛廓清，遐迩庆幸。臣某诚欢诚喜，顿首顿首。臣闻乱常干纪，天殛神诛。李师道包藏祸心，暴露逆节。罪盈恶稔，众叛亲离。未劳师徒，自取擒戮。伏惟睿圣文武皇帝陛下，文经天地，武定华夷。凡是猖狂，无不诛剪。两河清晏，四海会同。升平之风，实自此始。臣名参共理，职忝分忧。抃舞欢呼，倍万常品。守官有限，不获称庆阙庭。无任庆快踊跃之至。谨具奏闻。谨奏。元和十四年四月九日。

白居易一直关心平定藩镇叛乱的进程，这次听到淄青兵马使刘悟斩李师道首级投降，使李师道管辖的二十州，得以回归朝廷，他为“两河清晏，四海会同”而欢欣鼓舞，完全出于期望国家安定统一的心愿。贺表所言，爱憎分明，决非应景文字，而是发自肺腑之声。

元和十五年（820）二月，白居易在忠州工作已经一年，施政初见成效，他很高兴，就在州府的庭院里，开了一个“与民同乐”的迎春酒会。

仆本儒家子，待诏金马门。尘忝亲近地，孤负圣明恩。一旦奉优诏，万里牧远人。可怜岛夷帅，自称为使者。身骑牂牱马，口食涂江鳞。暗淡绯衫故，斓斑白发新。是时岁二月，玉历布春分。颁条示皇泽，命宴及良辰。冉冉趋府吏，蚩蚩聚州民。有如蛰虫鸟，亦应天地春。薰草席铺座，藤枝酒注樽。中庭无平地，高下随所陈。蛮鼓声坎坎，巴女舞蹲蹲。使君居上头，掩口语众宾。勿笑风俗陋，勿欺官府贫。蜂巢与蚁穴，随分有君臣。

——《郡中春宴因赠诸客》

这首诗记叙了州府春宴的动因和酒会的生动场景。在春分好时节，诗人举办这场春宴，是为了颁布政令鼓励农耕，以显示朝廷恩泽。参加宴会的有州府官吏和本土州民，大家都纷纷前来迎春祈福。庭院里没有平地，人们铺上草席，高高低低席地而坐。地上四处放着酒坛，每个坛子都插有藤枝，大家可以随意吸酒饮用。席间男儿击鼓声声，巴女婆娑起舞，非常热闹。使君在上面大声喊话：大家不要笑话风俗土气，也不要嫌官府贫困，主客都请随意畅饮！

这样官民同乐的迎春酒会，是白居易的一个创举。

竹枝词，是流行于三峡一带的民歌，以七言四句的形式，歌咏地方风俗人情。白居易来到忠州之后，几乎每天都听到地方上男男女女歌唱竹枝词。听了这种民歌，他渐渐产生浓厚的兴趣：“闲听竹枝曲，浅酌茱萸杯。”（《九日登巴台》）“巴童巫女竹枝歌，懊恼何人怨咽多。”（《听竹枝赠李侍御》）随后，他自己也模仿民歌写起竹枝词来。

瞿唐峡口水烟低，白帝城头月向西。唱到竹枝声咽处，寒

猿暗鸟一时啼。（其一）

竹枝苦怨怨何人，夜静山空歇又闻？蛮儿巴女齐声唱，愁杀江楼病使君。（其二）

巴东船舫上巴西，波面风生雨脚齐。水蓼冷花红簇簇，江蓠湿叶碧凄凄。（其三）

江畔谁人唱竹枝，前声断咽后声迟。怪来调苦缘词苦，多是通州司马诗。（其四）

——《竹枝词》

这是白居易仿作的四首竹枝词，歌咏峡中风土人情，抒写自己听唱竹枝词的感受。

第一首，写夜深人静之时在瞿塘峡口听唱竹枝词，唱到凄凉之处，峡口夜宿的猿、鸟也会惊起而啼。愁人听之，又何以堪受？

第二首，写诗人自己听唱竹枝词的感受：哀怨的竹枝词歌声时断时续，打破了夜静山空的沉寂，这哀怨的歌声怨的是什么人呢？听那众多男女在齐声歌唱，看来民怨决非一人一事，这就让我这个一州之长增添了许多忧愁。

第三首，描写诗人在江楼上凝眸远望所见的歌乡雨景：风雨中舟船在江中航行，岸边水蓼花开红点点，江蓠湿叶碧凄凄。在一片清冷中略显几分生气。

第四首，写诗人听江畔唱竹枝词：不知谁人在江畔唱竹枝词，前头声音悲哀哽咽，后头声音缓慢悠长。怪不得词调那么凄苦，原来所唱的多是通州司马的诗。通州（今四川达州）司马，指元稹，在京任监察御史时，因得罪权贵被贬为通州司马。白居易当时听到的竹枝词中有元稹的诗，可见民间竹枝词也有采用文人绝句为词的。

白居易是唐代最早仿作竹枝词的诗人之一。这四首诗，声情摇曳，逼肖民歌，又融入了自己的生活体验和思想感情，可谓是学习民歌的佳作。

荔枝，是忠州一带的一种特产。白居易《郡中》诗云："乡路音信断，山城日月迟。欲知州近远，阶前摘荔枝。"说明忠州遍地都种有荔枝树。他对这里的荔枝，非常喜爱，赞不绝口："早岁曾闻说，今朝始摘尝。嚼疑天上味，嗅异世间香。润胜莲生水，鲜逾橘得霜。燕脂掌中颗，甘露舌头浆。"（《题郡中荔枝诗十八韵兼寄万州杨八使君》）因为痴爱，他甚至亲自在庭院栽种荔枝树。

> 红颗真珠诚可爱，白发太守亦何痴。十年结子知谁在，自向庭中种荔枝。
>
> ——《种荔枝》

"诗人的《种荔枝》及其他关于荔枝的诗，使得蜀地的荔枝，从此名扬天下。"（刘火：《唐诗中的蜀韵》，见《中华读书报》2019年9月18日15版）

在忠州期间，白居易的思想情绪比较安定，一种穷通任命、随遇而安的思想主导着他。

> 我身何所似，似彼孤生蓬。秋霜剪根断，浩浩随长风。昔游秦雍间，今落巴蛮中。昔为意气郎，今作寂寥翁。外貌虽寂寞，中怀颇冲融。赋命有厚薄，委心任穷通。通当为大鹏，举翅摩苍穹。穷则为鷦鹩，一枝足自容。苟知此道者，身穷心不穷。
>
> ——《我身》

诗人对自我人生进行反思，用孤蓬随风飘荡比喻自己的人生际遇：昔游关中长安，今落巴蛮古国；昔日争强斗气，今为寂寥老翁。表面看来虽然寂寞，内心却淡泊恬适。接着他用穷通任随命运的思想来排解说明：人的命运有好有坏，穷困通达任其自然。通达得志当为大鹏，展翅搏击长空。穷困失意则为鷦鹩，一枝足以自容。懂得这个道理，身虽穷而心不穷。他在《委顺》一诗中更明确表示，对于仕宦沉浮采取“委顺”的态度，顺从命运，随遇而安。

> 山城虽荒芜，竹树有嘉色。郡俸诚不多，亦足充衣食。外累由心起，心宁累自息。尚欲忘家乡，谁能算官职？宜怀齐远近，委顺随南北。归去诚可怜，天涯住亦得。

诗人认为身外之物造成的烦忧都是由心而起，内心宁静自适就不会因外物而患得患失。心中合意就无远近之分，随遇而安就无南北之别。归朝回京诚然可喜，天涯边地亦可以安居。这种穷通任命、随遇而安的思想，是白居易不计较生活条件，安心在忠州工作的重要指导思想。

白居易在忠州的工作，州民们反映良好，他自己也感到得意。

> 龙昌寺底开山路，巴子台前种柳林。官职家乡都忘却，谁人会得使君心？
>
> ——《代州民问》

> 宦情抖擞随尘去，乡思销磨逐日无。唯拟腾腾作闲事，遮渠不道使君愚。
>
> ——《答州民》

这两首问答诗，是诗人记录下的他与州民的对话。州民问他：您在龙昌寺开辟山路，在巴子台前种植柳林，一心为民造福，把官职、家乡都抛在脑后，谁人会懂得您的心意？他回答州民说：升官发财的心思如尘飞去，思乡之情也日渐消除。我一心只想尽力为民做一些小事，只要你不说我这个使君是个笨蛋就好。这一席有趣的对话，如实反映了州民对白居易修路便民、植树造林等政绩的肯定，也彰显出一种良好的官民关系。

元和十五年（820）初夏，朝廷下诏调任他为尚书司门员外郎。白居易原来打算在忠州任职三年，不料还不到两年就接到召回朝廷的诏命，使他有些喜出望外：

亲宾相贺问何如，服色恩光尽反初。头白喜抛黄草峡，眼明惊拆紫泥书。便留朱绂还铃阁，却着青袍侍玉除。无奈娇痴三岁女，绕腰啼哭觅银鱼。

——《初除尚书郎脱刺史绯》

白居易接到诏书后，脱掉刺史绯袍，穿上青袍，挥笔写下这首诗，抒写得以归朝任职的欣喜之情。拆封诏书的惊喜，身上袍服的更换，贺喜亲宾的提问，三岁娇女的啼哭，在诗人笔下都成了喜临门合奏曲的音符。

能够回京自然高兴，而要离开忠州，他又有些依依不舍。他跑到城东开元寺，登临上方院，题诗留别。

东寺台阁好，上方风景清。数来犹未厌，长别岂无情？恋水多临坐，辞花剩绕行。最怜新岸柳，手种未全成。

——《留题开元寺上方》

上方院在开元寺院高处，风景清美，白居易曾数次来此游览，如今要长别了，岂能无依恋之情？他要在池塘边再坐坐，到花树间再走走。看到东岸新栽的柳树还没有长成，最使他放心不下。

诗人跑到东坡，看看亲手栽种的花树，又栽种了几棵，作为临别留念。

二年留滞在江城，草树禽鱼尽有情。何处殷勤重回首，东坡桃李种新成。

花林好住莫憔悴，春至但知依旧春。楼上明年新太守，不妨还是爱花人。

——《别种东坡花树两绝》

白居易来到忠州之后，即在东坡栽种了一批桃李树。如今他要离开忠州，感到这里草树禽鱼都可爱，而最令他挂念的是在东坡亲手栽种的桃李树。他来到东坡，看到栽种的桃李树已经初步成林，非常高兴。于是诗人又栽种了一些花树，作为遗爱留给忠州，留给他的继任者，并且希望继任者也是喜爱花木的人。

诗人在忠州为官一任，能有如此情怀，真是值得赞许。

第二天，白居易就带领家人登上官船，离开忠州。官船沿长江顺流东下，穿急流，过险滩，越过白狗峡，来到黄牛峡，看见附近高处有一座佛教寺院，他便停船靠岸，上寺院暂息。

白狗次黄牛，滩如竹节稠。路穿天地险，人续古今愁。忽见千花塔，因停一叶舟。畏途常迫促，静境暂淹留。巴曲春全尽，巫阳雨半收。北归虽引领，南望亦回头。昔去悲殊俗，今来念旧游。别僧山北寺，抛竹水西楼。郡树花如雪，军厨酒似油。时时大开口，自笑忆忠州。

——《发白狗峡次黄牛峡登高寺却望忠州》

诗人穿越三峡的急流险滩，难免担惊受怕，到黄牛峡看到高处有寺院，就上岸放松一下。登上高寺，他不禁回头远望忠州。忠州距此五六百里，回头已难以望见，而诗人对忠州的思念之情却一发而不可收。“昔去悲殊俗，今来念旧游。”他想念开元寺僧，想念西楼美景，想念栽种的花树，甚至想张开大口畅饮官厨的美酒，自己都为此感到好笑，原来是沉醉在对忠州的美好回忆之中。

白居易回到官船继续前行，沿长江东下。来到洞庭湖口，他望着浩渺无边的湖水，想到大禹治水的功绩，又突发奇思，批评大禹治水不够彻底，提出根治水患变湖泊为良田的理想。

江从西南来，浩浩无旦夕。长波逐若泻，连山凿如劈。千年不壅溃，万姓无垫溺。不尔民为鱼，大哉禹之绩。导岷既艰远，距海无咫尺。胡为不讫功，余水斯委积？洞庭与青草，大小两相敌。混合万丈深，淼茫千里白。每岁秋夏时，浩大吞七泽。水族窟穴多，农人土地窄。我今尚嗟叹，禹岂不爱惜？邈未究其由，想古观遗迹。疑此苗人顽，恃险不终役。帝亦无奈何，留患与今昔。水流天地内，如身有血脉。滞则为疽疣，治之有针石。安得禹复生，为唐水官伯？手提倚天剑，重来亲指画。疏流似剪纸，决壅同裂帛。渗作膏腴田，踏平鱼鳖宅。龙宫变闾里，水府生禾麦。坐添百万户，书我司徒籍。

——《自蜀江至洞庭湖口有感而作》

诗人站在洞庭湖口，看长江水从西南日夜奔流下来，几千年没有壅塞溃决，老百姓没有被淹没水中变为鱼鳖，都是大禹治水的功绩。接着他又想，大禹治水为什么没有完工，让余水聚汇到这里，形成洞庭湖与青草湖，夏秋湖水泛滥要吞没多少农田！他为此感到惋惜，于是提出一个根除水患的构思：怎样才能让大禹再生，掌握当今的治水大权，手提着倚天长剑，再一次亲临指挥治理水患，雷厉风行引水决壅，清出大片肥沃田地，把龙宫变为村庄，让水府之地生长稻麦。这样在大唐的户籍里，就可以增加百万农户。

诗人变湖泊为良田的构思，未必合乎科学，洞庭湖可以蓄泄长江水量，在灌溉农田和防洪抗旱方面都有着不可或缺的作用。不过诗人的浪漫构想，自有其关切现实的深意。有的学者指出：这个理想“反映了居易关心民瘼的意念”（王拾遗著《白居易传》第 180 页）。有的学者指出：“白氏此诗，盖深感于淮西乱平之后，朝廷应励精图治，整军经武，名副其实地完成统一大业，以免功亏一篑，半途而废。”（王汝弼选注《王居易选集》第 230 页）有的学者则持较为谨慎的两可态度，指出作者“期望朝廷能根治水患，造福人民，表现济世的热情”。又说：“本诗也有可能是感慨时局之作。唐宪宗不能秉前期连连削平藩镇之势整治天下，末期又有一些地方发生叛乱，则作者用比兴手法以寄慨。”（严杰编选《白居易集》第

171 页）诗人议论的是洞庭湖水，心中关切的则是国计民生。

白居易的官船自洞庭湖口折转向北，顺流到鄂州，而后进入汉水，逆流上行，到襄阳舍舟登岸，转乘陆路驿站的车马，走上商山路。

万里路长在，六年身始归。所经多旧馆，大半主人非。

——《商山路有感》

商山路是江汉至长安的必经之道。诗人六年前被贬江州道出商山，此次归来又走此路，道路依旧，而驿馆主人多半已换，物是人非，诗人不胜感慨万千。

随着驿道车马飞驰，白居易终于回到了阔别六年的长安城。

八、清正朝官济事难

元和十五年（820）六月，白居易刚回长安时，心情并不好。

恻恻复恻恻，逐臣返乡国。前时难重论，少年不再得。泥涂绛老头斑白，炎瘴灵均面黎黑。六年不死却归来，道著姓名人不识。

——《恻恻吟》

白居易作为放逐之臣奉召回京，令人悲伤的是前事无法重新辩白，仍无是非可言，而今人已年近半百，如绛县老人头发斑白，放逐屈原颜面黎黑。外流六年归来，人事沧桑，恍如隔世，“道著姓名人不识”，令人伤心不已。

还有一件令他不快的事是，自己虽为朝官，而官职低微，感到无颜面对友人。他的职位为司门员外郎，从六品上，按规定服绿袍。而他的一些友人都比他职位要高。元稹从膳部员外郎迁为祠部郎中，吴丹为贺部郎中，元宗简为仓部郎中。郎中是从五品上，按规定服绯袍。相比之下，白居易感到有些自卑：“尘路行多绿袍故，风亭久立白须寒。”（《曲江亭晚望》）

由于白居易的诗文名声较大，同年十二月二十八日朝廷诏授他为主客郎中、知制诰。知制诰，负责起草诏旨敕制及玺书册命，实际上做的是中书舍人的工作。白居易于长庆元年（821）正月一日上任。当时知制诰有四人，除了白居易，还有王起、李宗闵、元稹，都是老朋友。

闲宵静话喜还悲，聚散穷通不自知。已分云泥行异路，忽惊鸡鹤宿同枝。紫垣曹署荣华地，白鬓郎官老丑时。莫怪不如君气味，此中来校十年迟。

——《初除主客郎中知制诰与王十一李七元九三舍人中书同宿话旧感怀》

白居易与三位老朋友同宿话旧，悲喜交集，感慨万千，可喜的是殊途同归，大家能在中书省同事共处了，可悲的是自己老丑时方得郎官，在仕途升迁上远远滞后了，所以他请三位老朋友不要笑话自己。

二月，白居易在长安新昌里买了一所住宅。在京城终于有了自己的住宅，实现了他多年以来的一个宿愿。

游宦京都二十春，贫中无处可安贫。长羡蜗牛犹有舍，不如硕鼠解藏身。且求容立锥头地，免似漂流木偶人。但道吾庐心便足，敢辞湫隘与嚣尘。

——《卜居》

青龙冈北近西边，移入新居便泰然。冷巷闭门无客到，暖檐移榻向阳眠。阶庭宽窄才容足，墙壁高低粗及肩。莫羡升平元八宅，自思买用几多钱。

——《题新居寄元八》

诗人回顾自己入仕做官已有二十余年，一直没有自己的住宅，无处可以安身立命，还不如蜗牛、硕鼠有自己的藏身之所。自己并无奢求，只想获得一块立锥之地，以免做一个漂流无所的人。今日卜居已成，有了自己的住宅就心满意足了，并不计较房子大小、环境好坏。他在给元稹的诗中也说自己买的住宅地处偏远，阶庭狭小，墙壁低矮，但安居其中，自己感到泰然自足。

数月之后，白居易将住宅加以修缮和绿化，使之更加宜居。

冒宠已三迁，归朝始二年。囊中贮余俸，园外买闲田。狐兔同三径，蒿莱共一廛。新园聊刬秽，旧屋且扶颠。檐漏移倾瓦，梁敧换蠹椽。平治绕台路，整顿近阶砖。巷狭开容驾，墙低垒过肩。门闾堪驻盖，堂室可铺筵。丹凤楼当后，青龙寺在前。市街尘不到，宫树影相连。省吏嫌坊远，豪家笑地偏。敢劳宾客访，或望子孙传。不觅他人爱，唯将自性便。等闲栽树木，随分占风烟。逸致因心得，幽期遇境牵。松声疑涧底，草色胜河边。虚润冰销地，晴和日出天。苔行滑如簟，莎坐软于绵。帘每当山卷，帷多待月褰。篱东花掩映，窗北竹婵娟。

——《新昌新居书事四十韵因寄元郎中张博士》（节录）

诗人修缮了旧屋，整治了院落，拓宽了大门前的巷道，还购买了园外的一块闲地，植树种竹栽培花草，从而周围有了松声竹韵，草色花香。如今门前可停马车，堂室可铺宴席，室内外环境都大为改观。所以他赶紧向朋友报告详情，欢迎他们常来家做客品茶。

回长安以后，白居易常常怀念忠州。

每看阙下丹青树，不忘天边锦绣林，西掖垣中今日眼，南宾楼上去年心。花含春意无分别，物感人情有浅深。最忆东坡红烂漫，野桃山杏水林檎。

——《西省对花忆忠州东坡新花树因寄题东楼》

阁下灯前梦，巴南城底游。觅花来渡口，寻寺到山头。江色分明绿，猿声依旧愁。禁钟惊睡觉，唯不上东楼。

——《中书夜直梦忠州》

白居易对忠州的思念，可谓日思夜想，难以释怀。他白天在中书省值班，看见阙下的丹青树，就想念自己在忠州东坡种植的桃杏树，抒写的忆念之情十分真切。他夜晚在中书省值夜，竟然在灯前梦游忠州，处处寻访往日的行迹，直到宫禁中的钟声把他惊醒，他还遗憾没能再上东楼看看。忠州两年的生活与工作，令他久久难以忘怀。

四月，白居易受命担任重考进士官，复试在礼部侍郎钱徽主试下及第的进士郑朗等十四人。事情是因为三月举行的这场进士考试的结果引起诸多责难。

三月举行的进士考试的主考官是礼部侍郎钱徽、右补阙杨汝士。考试之前，四川节度使段文昌向钱徽保荐了杨浑之，翰林学士李绅向钱徽推荐了周汉宾。考试结果发榜，杨浑之、周汉宾皆落选，中榜的十四人中有裴度的儿子裴撰，杨汝士的兄弟杨殷士，李宗闵的门婿苏巢、郑覃的弟弟郑郎等，都是公卿子弟。段文昌大为不满，向穆宗反映此次考试不公，有人情关系。穆宗又问翰林学士，李德裕、元稹、李绅都说此次考试不公，主张重考。于是穆宗就命令白居易、王起主持复试。白居易等秉公主持复试，结果原录取十四人之中有十人落选，只有四人及第。这个结果表明原先考试确有问题。白居易和王起联名上书，建议妥善处理此事。

右，臣等伏料自欲重试进士已来，论奏者甚众。伏计烦黩圣听之外，必以为或亲或故，同为党庇。臣今非不知此，但以避嫌事小，隐情责深，所以冒犯天威，不敢不奏。伏希圣鉴，试详臣言。伏以陛下虑今年及第进士之中，子弟得者侥幸，平人落者重屈，故令重试重考。此乃至公至平。凡是平人，孰不庆幸？况臣等才识浅劣，谬蒙选充考官，自受命已来，夙夜惶惧，实忧愚昧，不副天心。敢不尽力竭诚，苦考得失？其间瑕病，纤毫不容，犹期再三，知臣恳尽。然臣等别有愚见，上裨圣聪，反复思量，辄敢密奏。伏准礼部试进士，例许用书策，兼得通宵。得通宵则思虑必周，用书策则文字不错。昨重试之日，书策不容一字，木烛只许两条。迫促惊忙，幸皆成就。若比礼部所试，事校不同。虽诗赋之间，皆有瑕病，在兴夺之际，或可矜量。傥陛下垂仁察之心，降特达之命，明示瑕病，以表无私，特全身名，以存大体。如此则进士等知非而愧耻，其父兄等感激而戴恩。至于有司，敢不惩革？臣等皆蒙宠擢，又忝职司，实愿裨补圣明，敢不罄竭肝胆？谨具奏闻，伏待圣裁。谨奏。

——《论重考试进士事宜状》（节录）

白居易在严格公正主持进士重考之后，写这份奏状，称赞皇上主张重考是至公至平的，同时又说明礼部所试与这次重考是有所不同的，希望皇上能够从宽处理此事。其良苦用心是希望不要因为此事加深各方之间的矛盾。

然而，穆宗没有听从白居易的建议，自行严厉处置此事，把原主考官钱徽贬为江州刺史，杨汝士贬为开江令，涉嫌贿赂考官的中书舍人李宗闵也被贬为剑州刺史。这件事情之后，李德裕与李宗闵的仇隙愈来愈深了，于是各自结成朋党，相互倾轧，争斗延续四十年之久。已经预见到事情严重性的白居易，一直保持中立，尽力避免卷入朋党之争。

六月，白居易官职加朝散大夫，又转上柱国。朝散大夫为文散官，从第五品下阶，可服绯袍。他感到满足，又感到惭愧：

紫微今日烟霄地，赤岭前年泥土身。得水鱼还动鳞鬣，乘轩鹤亦长精神。且惭身忝官阶贵，未敢家嫌活计贫。柱国勋成私自问，有何功德及生人？

——《初加朝散大夫又转上柱国》

得以加官晋爵，自然欢欣鼓舞，转而又扪心自问：我有何功何德惠及生民?

八月，白居易奉命去田布家，宣谕田布出任魏博节度使。田布酬赏白居易绢五百匹，白居易谢绝不受。如实上报之后，穆宗又派中使第五文岑，到宅奉旨相劝，白居易坚持不肯接受，写了《让绢状》向皇上陈述情由。

> 右，田布以臣宣谕进旨，敬命荷恩，遂与臣前件绢。臣不敢受，寻以奏陈。昨日中使第五文岑就宅奉宣，令臣受取者。臣已当时进状陈谢讫。感戴圣恩，昨日不敢不谢。酌量事理，今日不敢不言。臣家素贫，非不要物。但以昨者陛下遣臣宣谕田布，不同常例。田布今日之事，不同诸家。何者？未报父仇，未雪国耻，凡人有物，犹合助之。况取其财，有所不忍。又昨除田布魏博节度制中诫云："一饭之饱，必均于士卒；一毫之费，必用于戈矛。"今以五百匹绢与臣，臣若便受，则是有违制命，不副天心。臣又以凡节将之臣，发军讨叛，大费虽资于公给，小用亦借其家财。今陛下方欲使田布誓心报仇，捐躯杀贼。伏料宣谕慰问，使者道路相望。若奉使之人悉须得物，臣恐镇州贼徒未殄，田布财产已空。欲救将来，乞从臣始。此则求田布物者必息，而田布感圣渥倍深。责其成功，必有可望。臣食国家之厚禄，居陛下清官，每月俸钱，尚惭尸素。无名之货，岂合苟求？伏愿天鉴照临，知臣不是饰让。臣又非不知如此小事，不合尘黩尊严，心实不安，不敢不奏。其前件绢臣寻已却还田布，伏乞圣慈许臣不取，仍望宣示田布，令知圣恩。谨录奏闻，伏待进旨。

白居易的这篇奏状，陈述了不能接受田布酬赏的理由。他说臣家素贫，并非不要物，而是不能要这笔财物。其一，此事不同常例。镇州发生叛乱，田布父亲田弘正遇害，田布奉命为父报仇，为国雪耻，凡人有物，都应该帮助他，怎能忍心取其财物？其二，皇上《除田布魏博节度制》中告诫说："一饭之饱，必均于士卒；一毫之费，必用于戈矛。"所有财力都应用于平定叛乱的战事。而今田布把五百匹绢送我，我若轻易接受，那就是有违制命，不符合天意。其三，奉旨宣谕慰问，全须酬赏财物之风，会使节将穷于应付，不利于全力杀贼报国。煞住此风，希望从我开始。其四，臣为陛下清官，每月领取的俸钱，都受之而有愧，没有名目的财物，岂能苟且求取？

这篇奏状，绝不是客套推让之辞，而是白居易坚守清正廉洁的真情表白，其情其理，感人至深。

白居易做人为官，有自己的准则。他回京之后，为自己写过一篇座右铭：

> 勿慕贵与富，勿忧贱与贫。自问道何如，贵贱安足云。闻毁勿戚戚，闻誉勿欣欣。自顾行何如，毁誉安是论。无以意傲物，以远辱于人。无以色求事，以自重其身。游与邪分歧，居与正为邻。于中有取舍，此外无疏亲。修外以及内，静养和与真。养内不遗外，动率义与仁。千里始足下，高山起微尘。吾道亦如此，行之贵日新。不敢规他人，聊以书诸绅。终身且自勖，身殁贻后昆。后昆苟反是，非我之子孙。
>
> ——《续座右铭》

白居易这篇终身自勉的座右铭，表明他为人处世的基本准则。他主张为人要自守其道，自律其行，而不斤斤计较富贵贫贱、他人毁誉。处世要是非分明，远离邪道，清正立身，以和与真为修身诉求，以仁与义为行动准绳。修行要有远大的目标追求，又要从眼前小事做起，力求日新月异，不断进取。他的《让绢状》一文，即是这种为人处世哲学的生动诠释。

十月十九日，白居易被诏授为中书舍人。中书舍人，是执掌皇帝制诰文书的专门官员，属正五品上，已进入高官阶层。白居易感到心满意足。

> 凉风起禁掖，新月生宫沼。夜半秋暗来，万年枝袅袅。炎凉递时节，钟鼓交昏晓。偶圣惜年衰，报恩愁力小。素餐无补益，朱绂虚缠绕。冠盖栖野云，稻粱养山鸟。量力私自省，所得已非少。五品不为贱，五十不为夭。若无知足心，贪求何日了？
>
> ——《西掖早秋直夜书意》

他秋夜在中书省值班，私自反省，感到自己一个草民出身的人，如今成为五品高官，所得已经不少了，要有知足之心，不可贪得无厌。白居易归朝以来，一年之间，三迁其官，他的“知足保和”思想使他保持清醒的头脑，常常躬身自问。

长庆二年（822）正月五日，白居易进呈《论行营状》，为镇州平叛战争出谋划策。

镇州王庭凑行营叛乱已持续半年之久。去年七月间，镇州军乱，杀害节度使田弘正并家属将佐三百余人，军人推衙将王庭凑为留后。朝廷以田弘正之子田布为魏博节度使，以河东节度使裴度为镇州四面行营都招讨使，调集四方兵力前往征讨。至这一年岁暮，河北诸道奉命进讨王庭凑的兵力有十七八万，但因指挥不力，号令不齐，战事毫无进展。白居易关心国事，细心研究战局，审时度势，提出一个完整的作战方案：“一、请专委李光颜东面讨逐，委裴度四面临境招谕事；二、请抽拣魏博、泽潞、易定、沧州四道兵马分付光颜事；三、请勒魏博等四道兵马却守本界事；四、请省行营粮料事；五、请因朱克融授节后速讨王庭凑事。”白居易主张把指挥权交给李光颜，令其从东面进讨，令裴度临境诏谕，动摇其军心；抽拣魏博、泽潞、易定、沧州四道兵马之劲卒交由李光颜统帅；魏博等四道兵马退守本界，退食本道粮草，以省有限之粮草；抓紧朱克融受节之机，速讨王庭凑，时不可失。遗憾的是，穆宗没有听从白居易的建议。没过多少天，魏博军溃，田布抽刀自杀，河北局势，急转直下。白居易执笔写《田布赠右仆射制》，为之深表痛惜。

白居易此时身居高官，并没有忘记关怀民生。深夜当他听到思妇的捣衣之声，也使他难以入眠：

谁家思妇秋捣帛，月苦风凄砧杵悲。八月九月正长夜，千声万声无了时。应到天明头尽白，一声添得一茎丝。

——《闻夜砧》

征夫在外戍边，思妇秋天要为征夫准备寒衣。诗人秋夜听到捣衣声，即想到思妇的悲愁。长夜里捣衣声声声不绝，在诗人听来千声万声尽是悲愁，一声会给思妇增添一根白发。诗人在这声声悲苦的捣衣声中，想到征夫、思妇的艰难困苦、离愁别恨，长夜难以入眠，似乎诗人也要增添几丝白发。

诗人也想到后宫妇女的不幸境遇：

雨露由来一点恩，争能遍布及千门？三千宫女胭脂面，几个春来无泪痕？

——《后宫词》

后宫三千宫女，有几人承恩得宠？多少美女的青春年华在后宫被白白葬送！她们脸上的泪痕，诉说着她们的悲苦与怨恨。也有学者指出："此诗托后宫宫女的怨恨之词，以寄作者在政治上失意之情。"（王汝弼选注《白居易选集》第232页）此时诗人的确有一种报国无门、无力回天的失意之情。

“长庆、宝历年间，白居易虽然个人的仕途较为顺利，但现实政治的险恶，唐室覆亡的威胁，使他清楚地意识到‘中兴’之梦的破灭，认识到兼济天下，只能是一个良好的愿望，根本没有任何道路可以实现自己的这种志向。乱世之中，儒家教导他要独善其身，用行舍藏，佛老告诉他要急流勇退，知足随缘。为了避免卷入朋党斗争的旋涡，白居易不再希望有什么升迁。”（曾广开著《元和诗论》第 26 页）他看到宰相李逢吉排陷好人，竟能事事得逞，看到好友元稹时而晋升为相，时而又罢相外贬，心情抑郁，感叹“人生多故，不知明年秋又何许也”（《曲江感秋二首序》）。以至想躲避风险，乞求外任，寻求退隐之路：“终当求一郡，聚少渔樵费。合口便归山，不问人间事。”（《衰病无趣因吟所怀》）

长庆二年（822）七月十日，朝廷诏罢白居易中书舍人之职。

> 自惭拙宦叨清贯，还有痴心怕素餐。或望君臣相献替，可图妻子免饥寒？性疏岂合承恩久，命薄元知济事难。分寸宠光酬未得，不休更拟觅何官？
>
> ——《初罢中书舍人》

白居易得知罢去中书舍人的消息，思前想后，为自己又一次遭受挫败而感到懊恼：自愧不善逢迎却做了近侍之臣，还成天担心无功受禄而兢兢业业。献可替否总是希望尽到为臣之责，难道只图自己家口免于饥寒？禀性疏直岂能得到皇上长久倚重？命运不好的诗人本也知道辅君济世的愿望难于实现。自己未能报答君王恩惠的万一，不做休官的打算难道还有别的出路？

七月十四日，诏授白居易为杭州刺史。这一下，可以远离政治旋涡，诗人倒是如愿以偿了。

九、杭州刺史解民忧

长庆二年（822）七月，白居易从长安起程，前往杭州。

朝从紫禁归，暮出青门去。勿言城东陌，便是江南路。扬鞭簇车马，挥手辞亲故。我生本无乡，心安是归处。

——《初出城留别》

白居易自求外放，出守杭州，离开长安时，心情比较兴奋。他早晨从紫禁城告别回家，晚上就离开长安东门，迅速走上了奔赴江南的道路，没有一点逡巡不前的犹豫，扬鞭驱赶车马，挥手告别亲朋故友，也没有一点依依不舍的留恋。他仿佛有一种羁鸟还林的欢欣："我生本无乡，心安是归处。"他觉得离开政治纷争，求得心灵安宁，是人生的最好归宿。

太原一男子，自顾庸且鄙。老逢不次恩，洗拔出泥滓。既居可言地，愿助朝廷理。伏阁三上章，戆愚不称旨。圣人存大体，优贷容不死。凤诏停舍人，鱼书除刺史。置怀齐宠辱，委顺随行止。我自得此心，于兹十年矣。余杭乃名郡，郡郭临江汜。已想海门山，潮声来入耳。昔予贞元末，羁旅曾游此。甚觉太守尊，亦谙魚酒美。因生江海兴，每羡沧浪水。尚拟拂衣行，况今兼禄仕。青山峰峦接，白日烟尘起。东道既不通，改辕遂南指。自秦穷楚越，浩浩五千里。闻有贤主人，而多好山水。是行颇为惬，所历良可纪。策马度蓝溪，胜游以此始。

——《长庆二年七月自中书舍人出守杭州路次蓝溪作》

事实上，白居易这次出守杭州，心情是比较复杂的。这首诗，首先叙说自己出守的原因，是由于自己恪尽职守助理朝政，几次上书直谏言事，冒犯了皇上，但得以从宽处理，被免去中书舍人，授以刺史之职。自己对此的态度是宠辱不惊，委时顺命。诗人说得很委婉，显得很超然，内心却是有一股怨愤之气的。接着诗人感到能去杭州任职还是值得庆幸的事。年少时吴越之游曾给他留下难忘的记忆："贞元初，韦应物为苏州牧，房孺复为杭州牧，皆豪人也。韦嗜诗，房嗜酒，每与宾友一醉一咏，其风流雅韵，多播于吴中，或目韦、房为诗酒仙。时予年始十四五，旅二郡，以幼贱不得与游宴，尤觉其才调高而郡守尊。以当时心言，异日苏、杭苟获一郡，足矣。"（《吴郡诗石记》）当年羡慕苏杭太守的高雅，曾经产生过来此当一个太守就心满意足的奇想。如今这个宿愿终于实现了，自然令人高兴。然而赴任路上有汴军叛乱，东道不通，只有南行取道襄阳，然后沿长江顺流而下。路程虽有五千里之遥，然而沿途有好山好水，历历可记。策马过蓝溪，一次惬意的旅行从此开始。

实际上，诗人在赴任途中心情并不那么平静。

萧萧谁家村，秋梨叶半坼。漠漠谁家园，秋韭花初白。路逢故里物，使我嗟行役。不归渭北村，又作江南客。去乡徒自苦，济世终无益。自问波上萍，何如涧中石？

——《邓州路中作》

他路过河南邓州时，看到乡村的秋梨、秋韭这些故乡常见的东西，不禁思念故里，感叹在外行役之苦。此行又不能回到渭河边的紫兰村，而是要去江南客居。自己离乡背井辛苦奔波，济世之志终究徒劳而无果。躬身自问一下自己，这样做随波漂荡的水上浮萍，哪里比得上做屹立不拔的涧中岩石！

他路过商山，乘兴一直登上山顶：

高高此山顶，四望唯烟云。下有一条路，通达楚与秦。或名诱其心，或利牵其身。乘者或负者，来去何云云。我亦斯人徒，未能出嚣尘。七年三往复，何得笑他人。

——《登商山最高顶》

他站在商山顶上四望，在茫茫的烟云中只见一条商州大道，连接着南方与长安，世人为追名逐利在大道上来去奔波，不禁心生感叹；诗人并由此反思自我，承认自己亦是这样的人，六七年间就从这条大道上往返三次了，怎么能够嗤笑别人呢？

八月初，白居易到襄阳，开始登舟沿着汉江继续前进。

秋水淅红粒，朝烟烹白鳞。一食饱至夜，一卧安达晨。晨无朝谒劳，夜无值宿勤。不知两掖客，何似扁舟人？尚想到郡日，且称守土臣。犹须副忧寄，恤隐安疲民。期年庶报政，三年当退身。终使沧浪水，濯吾缨上尘。

——《初下汉江舟中作寄两省给舍》

诗人在船行汉江途中，给中书、门下两省同事报告江行途中的舒适生活，谈谈自己到郡后的工作打算。他说自己到任后，要做称职的守土之臣，尤其要用心思考虑，安抚好贫困的民众。希望一年内能向同事们报告政绩，三年任职期满即可退隐山林。

白居易路过江州，停舟上岸，逗留了几天。他曾在这里度过四年时光，此次回来，他处处寻访往日的行迹，还上庐山重访了三年前亲手盖起来的遗爱草堂，在里边住了一夜。旧地重游，老友重见，诗人感到格外亲切，也颇多感慨。

还乘小艛艓，却到古湓城。醉客临江待，禅僧出郭迎。青山满眼在，白发半头生。又校三年老，何曾一事成？重过萧寺宿，再上庾楼行。云水新秋思，闾阎旧日情。郡民犹认得，司马咏诗声。

——《重到江州感旧游题郡楼十一韵》（节录）

白居易在题郡楼的这首诗中，记述了他重游江州的观感。令他高兴的是老朋友到江边来热情迎接，郡民也还认得爱咏诗的司马，旧日人情犹在。令他感叹的是青山依旧，自己头发已经半白，“又校三年老，何曾一事成？”江州刺史李渤本是白居易的熟人，他在给李渤的赠诗中，吐露了更为深沉的感慨：“岂有疏狂性，堪为侍从臣。仰头惊凤阙，下口触龙鳞。剑珮辞天上，风波向海滨。非贤虚偶圣，无屈敢求伸。”（《赠江州李十使君员外十二韵》）经历了两次因上书而遭受的打击，他对朝廷完全失望了，因此他只打算在地方的职位上多为人民做一点好事。

十月一日，白居易到达杭州。他在《杭州刺史谢上表》中表示：“当夙兴夕惕，焦思苦心。恭守诏条，勤恤人（民）庶。下苏凋瘵，上副忧勤。”决心要用心工作，着力改善庶民的生计。他说到做到，上任后即开始兢兢业业地工作。

鳏惸心所念，简牍手自操。何言符竹贵，未免州县劳。赖是余杭郡，台榭绕官曹。凌晨亲政事，向晚恣游遨。山冷微有雪，波平未生涛。水心如镜面，千里无纤毫。直下江最阔，近东楼更高。烦襟与滞念，一望皆遁逃。

——《初领郡政衙退登东楼作》

从这首叙写衙退后生活的诗中，也可约略看出诗人上班工作时的状况：他心念哀苦无告的老幼众生，亲手处理各种文书案卷。每天凌晨就开始办公，到傍晚才下班休息，随后开始游赏杭州美不胜收的山光水色，借以消解一天工作下来烦杂的心怀和不解的思虑。

长庆三年（823）的春天来了。杭州的春天格外美丽动人。白居易经过数月的勤勉工作，郡政已上轨道，他时间稍有空闲，心情也平静了许多。西湖的春色，首先吸引诗人的游兴。

孤山寺北贾亭西，水面初平云脚低。几处早莺争暖树，谁家新燕逐春泥？乱花渐欲迷人眼，浅草才能没马蹄。最爱湖东行不足，绿杨阴里白沙堤。

——《钱塘湖春行》

诗人绕过孤山寺北，漫步到贾亭以西，见一望无际的湖水与低垂的云气相接，是一片雨后初晴的景象。诗人边走边看，几处早来的黄莺争栖向阳的暖树，谁家新飞回的燕子忙着啄泥筑巢，处处呈现着一派早春的气息。沿途的野花形形色色竞相开放，使人目不暇接，看来很快就要让人眼花缭乱了。诗人骑马行进，绿毯一般的嫩草刚刚没过马蹄，既不扬尘，又不碍蹄，有一种“春风得意马蹄疾”的快意。诗人最后说，在整个西湖中，他最喜爱而且游赏不倦的地方，就是湖东绿杨掩映的白沙堤一带。诗人陶醉在西湖早春的良辰美景之中，即景寓情，抒写了对西湖融和春意的赞美，字里行间，也流露出游览西湖愉悦、惬意、流连的感情。

诗人登上望海楼，一览杭州的胜景。

望海楼明照曙霞，城东楼名望海楼。护江堤白蹋晴沙。涛声夜入伍员庙，柳色春藏苏小家。红袖织绫夸柿蒂，杭州出柿蒂花者尤佳也。青旗沽酒趁梨花。其俗酿酒趁梨花时熟，号为梨花春。谁开湖寺西南路，草绿裙腰一道斜。孤山寺路在湖洲中，草绿时望如裙腰。

——《杭州春望》

诗人清晨登上望海楼，极目远眺，只见海上旭日东升霞光扑面而来，晴日之下护江长堤闪烁着白沙。回顾城内，海涛声声深夜传入伍员庙，杨柳青青春意藏在苏小家。这里曾有伍子胥的壮烈义举、苏小小的歌舞繁华。如今民间巧手能织出柿蒂花纹的绫布，酒旗招展正是买梨花美酒的时节。放眼西湖，不知是谁筑起西南通往湖寺的长堤，一带绿草像一条美人的裙腰。诗人春望杭州，勾画了杭州的鸟瞰图，字里行间洋溢着对杭州形胜的赞美之情。

杭州美丽的山水人文景观，诱发诗人的游兴与诗情，他在游赏过程中写下了不少精彩的山水景观诗，为我国山水诗创作开拓了新生面。

在风景美如画的杭州，老天爷却往往并不作美，水旱灾害连年不断。为解决天灾带来的民生问题，白居易常常煞费苦心。

这一年夏秋，杭州连续大旱，田地干涸，百姓生活陷入水深火热之中。白居易急民之所急，按照传统习俗到处祈雨，先是去伍相庙，然后去城隍祠，都不见灵验，没有下雨。他又去皋亭庙拜神祈雨，祈文中说："去秋愆阳，今夏少雨，实忧灾沴，重困杭人。居易忝奉诏条，愧无政术，既逢愆序，不敢宁居。……今请斋心虔告，神其鉴之。若四封之间，五日之内，雨泽霈足，稼穑滋稔，敢不增修像设，重荐馨香，歌舞鼓钟，备物以报。如此，则不独人之福，亦惟神之光。若寂寥自居，肸蚃无应，长吏虔诚而不答，下民颙望而不知，坐观田农，使之枯悴。如此，则不独人之困，亦惟神之羞。惟神裁之，敬以俟命。"（《祈皋亭神文》）诗人因旱灾重困杭人而焦急不安。他祈神降雨，为民请命，似乎在与神谈判，甚至带有威胁的口吻，可见其良苦用心。结果，天还是没有下雨。求神不灵，他就到民间调查，下田地考察，寻求抗旱救灾的办法。

在调查考察中白居易发现，杭州地区不能抗旱防涝的主要问题是西湖太浅，不能积蓄水源。这样，到干旱时节，如果把西湖有限的水放出灌溉农田，百姓的生活用水就成问题。到了大雨时节，西湖不能大量储水，就会形成洪水泛滥。鉴于这种情况，他决定在方圆三十里的西湖开展兴修水利工程，把湖堤加高数尺，扩大西湖的蓄水量。还在湖的南北两端设大闸门，各个方面设小出水口，整修疏浚作为放水渠道的官河。这样就能有效地蓄水、泄洪、灌溉，从根本上满足农田灌溉用水和百姓生活用水需求，有效防止旱涝灾害。

在调查考察中白居易还发现，要彻底解决百姓用水问题，还必须疏通六井。原来，杭州濒临钱塘江，由于海水随潮倒灌，钱塘江水又咸又苦，还影响到地下水，都不宜食用。百姓要喝干净的水，就要费时费力到西湖取水或到周围的山涧取水。前刺史李泌为解决百姓饮水问题，修建了六井，引入西湖水供人们饮用。但是时间长久后，六井下的水道大多淤塞了，影响城内百姓的用水。白居易发现后，决定大力疏通六井，一方面清除堵塞之物，一方面整修井壁，使井水常足不断，彻底解决百姓的用水问题。

增堤浚井的工程从当年秋天开工建设，到长庆四年（824）春天胜利竣工。竣工之后，白居易为之树立石碑，并亲手写了《钱塘湖石记》：

> 钱塘湖事，刺史要知者四条，具列如左：
>
> 钱塘湖一名上湖，周回三十里。北有石函，南有笕。凡放水溉田，每减一寸，可溉十五余顷。每一复时，可溉五十余顷。先须别选公勤军吏二人，一人立于田次，一人立于湖次。与本所由田户据顷亩，定日时，量尺寸，节限而放之。若岁旱，百姓请水，须令经州陈状，刺史自便押帖，所由即日与水。若待状入司，符下县，县帖乡，乡差所由，动经旬日，虽得水而旱田苗无所及也。大抵此州春多雨，夏秋多旱。若堤防如法，蓄泄及时，即濒湖千余顷田无凶年矣。《州图经》云：湖水溉田五百余顷，谓系税田也。今按水利所及，其公私田不

啻千余顷也。

自钱塘至盐官界，应溉夹官河田，须放湖入河，从河入田。准盐铁使旧法，又须先量河水浅深，待溉田毕，却还本水尺寸。往往旱甚，即湖水不充。今年修筑湖堤，高加数尺，水亦随加，即不啻足矣。脱或不足，即更决临平湖，添注官河，又有余矣。虽非浇田时，若官河干浅，但放湖水添注，可以立通舟船。

俗云：决放湖水，不利钱塘县官。县官多假他词以惑刺史，或云鱼龙无所托，或云茭菱失其利。且鱼龙与生民之命孰急？茭菱与稻粱之利孰多？断可知矣。又云放湖即郭内六井无水，亦妄矣。且湖底高，井管低，湖中又有泉数十眼，湖耗则泉涌，虽尽竭湖水，而泉用有余。况前后放湖，终不至竭，而云井无水，谬矣。其郭中六井，李泌相公典郡日所作，甚利于人。与湖相通，中有阴窦。往往堙塞，亦宜数察而通理之，则虽大旱，而井水常足。湖中有无税田，约十数顷。湖浅则田出，湖深则田没。田户多与所由计会，盗泄湖水，以利私田。其石函、南笕并诸小笕闼，非浇田时，并须封闭筑塞，数令巡检。小有漏泄，罪责所由，即无盗泄之弊矣。又若霖雨三日已上，即往往堤决。须所由巡守预为之防。其笕之南旧有缺岸，若水暴涨，即于缺岸泄之。又不减，兼于石函、南笕泄之，防堤溃也。大约水去石函口一尺为限，过此须泄之。

予在郡三年，仍岁逢旱。湖之利害，尽究其由。恐来者要知，故书之于石。欲读者易晓，故不文其言。长庆四年三月十日，杭州刺史白居易记。

白居易这篇记文，是向后任刺史传授如何管理西湖水利的经验。记文先说平时使用湖水灌溉农田，要设专人值勤，根据田亩面积定时定量放水。若逢旱年，百姓用水要逐层向上申请，但审批要及时，不能耽误抗旱救苗。为保证灌溉水源，今年修筑湖堤，高加数尺，增加了蓄水量。接着讲到对于放湖水灌溉农田引起的一些异议：放湖水会妨碍鱼龙栖息，会失去茭菱之利，城中六井就会枯竭等等，诗人一一予以批驳和解释，理直气壮地反问："鱼龙与生民之命孰急？茭菱与稻粱之利孰多？"最后还讲到要采取措施严防湖中有私田的田户偷排湖水的问题和多雨季节预防决堤的问题。

从这篇近乎繁琐的记文中，可以看出白居易对西湖水利问题深入细致的调查研究，他做到了"湖之利害，尽究其由"，找出了其中的利害规律，彰显出一个地方官对民生问题的悉心关切。

白居易对民生的关切，的确做到了从大处着眼、小处入手。

> 余杭邑客多羁贫，其间甚者萧与殷。天寒身上犹衣葛，日高甑中未拂尘。江城山寺十一月，北风吹沙雪纷纷。宾客不见绨袍惠，黎庶未沾襦裤恩。此时太守自惭愧，重衣复衾有余温。因命染人与针女，先制两裘赠二君。吴绵细软桂布密，柔如狐腋白似云。劳将诗书投赠我，如此小惠何足论。我有大裘君未见，宽广和暖如阳春。此裘非缯亦非纩，裁以法度絮以仁。刀尺钝拙制未毕，毕亦不独裹一身。若令在郡得五考，与君展覆杭州人。
>
> ——《醉后狂言赠萧、殷二协律》

白居易看到客居杭州的萧、殷二位寒士，天寒下雪身上还穿着葛衣，长时间断炊挨饿，又想到老百姓还没有得到襦裤的恩惠，而自己独自拥有温暖的衣衾，作为太守心里感到很惭愧。因此他命人做了两件袍子送给二位寒士。二位寒士写信向他表示感谢，他回答说：这一点小意思哪值得谈论！我有大裘袍你没有看见，它像春天一样宽大温暖。它的材料不是棉也不是布，而是按法度裁剪用"仁爱”装成。目前工具不好尚未做成，等做成了不仅仅包裹一身。如果能让我做五年太守，就可以做成一件大裘袍，覆盖全杭州的人民。诗人这种慨然以救济天下寒人为己任的承诺，绝不是“醉后狂言”，而是他一贯人生理想的又一次展示。诗人在仕途上虽然历经挫折，但是他的博爱情怀并未改变，他的兼济天下的理想并未泯灭。

正因为诗人有关切民生的博爱情怀，所以卖柴的妇女也进入他的视野，诗人为她们代言：

乱蓬为鬓布为巾，晓踏山寒自负薪。一种钱塘江畔女，著红骑马是何人？

——《代卖薪女赠诸妓》

诗的前两句描写卖薪女的装束、行事：她粗布为服乱蓬为鬓，清晨就冒寒进山砍柴，然后挑着柴进城来卖，借以养家活口。字里行间，寓含着诗人对劳动妇女命运的同情。诗的后两句写卖柴女眼中的高级歌妓：她们衣着艳丽，骑马代步，不知是什么人物？疑难发问，隐含着卖柴女对社会不公的指责。难得的是白居易作为地方长官，能为穷苦的卖柴女代言，能够体恤她们生活的困苦和心中的不平。

诗人忧民亦忧国，他邂逅一位天宝时期的宫廷老乐师，引起了家国盛衰的慨叹。

白头病叟泣且言，禄山未乱入梨园。能弹琵琶和法曲，多在华清随至尊。是时天下太平久，年年十月坐朝元。千官起居环佩合，万国会同车马奔。金钿照耀石瓮寺，兰麝薰煮温汤源。贵妃宛转侍君侧，体弱不胜珠翠繁。冬雪飘飖锦袍暖，春风荡漾霓裳翻。欢娱未足燕寇至，弓劲马肥胡语喧。豳土人迁避夷狄，鼎湖龙去哭轩辕。从此漂沦到南土，万人死尽一身存。秋风江上浪无限，暮雨舟中酒一樽。涸魚久失风波势，枯草曾沾雨露恩。我自秦来君莫问，骊山渭水如荒村。新丰树老笼明月，长生殿暗锁黄昏。红叶纷纷盖敧瓦，绿苔重重封坏垣。唯有中官作宫使，每年寒食一开门。

——《江南遇天宝乐叟》

这首诗与《琵琶引》可谓姊妹篇。《琵琶引》是借琵琶女的经历抒发诗人的天涯沦落之悲伤，此诗是借天宝乐叟的经历抒发诗人的家国盛衰之悲伤。

此诗采用对话体，通过主客关于唐室盛衰景况的一番对话，表达诗人抚今追昔的无限感慨。《唐宋诗醇》评论此诗云："前叙乐叟之言，天宝旧事也。后叙告乐叟之言，乱后景象也。俯仰今昔，满目苍凉，言外黯然欲绝。"可谓深得诗人之心意。

此诗前面一大部分，天宝乐师诉说自己的经历和见闻：安史之乱前我进入梨园，因为能够弹琵琶伴奏法曲，常常在华清宫奉侍玄宗。那时天下久享太平，每年十月皇上都驾幸华清宫。那场景十分壮观，千官请安，摇曳的环珮叮当鸣响；诸藩朝见，四方的车马络绎飞奔。皇上与贵妃在里面穷欢极乐，石瓮寺里闪耀着金钿的光亮，温泉源头薰煮出兰麝的芳香。贵妃柔媚百态跟随着君王，娇弱身姿几乎禁不起珠翠的繁重。冬雪飘飖她更感觉锦袍温暖，春风荡漾越显得霓裳飘逸。谁知欢乐尚未享够，叛军已经杀到京城，只见劲弓肥马横行，到处是胡人的喧嚣。玄宗逃避叛乱，慌忙离京奔往西蜀。百姓痛哭轩辕，难以留住玄宗驾崩。从此我就沦落飘流到江南，万人死尽终算留下我一身。秋风江上随风浪四处飘荡，暮雨舟中靠杯酒消磨时光。而今，我如那失去风波依凭的涸鱼，苟且偷生，亦如那失去雨露滋润的枯草，无依无靠。

天宝乐师在追述了华清宫昔日的盛况之后，就向从秦中来到江南的诗人询问华清宫现在的情况，诗人亦以自己的亲身见闻做了回答：我来自秦川你不用细问，骊山渭水而今都如同荒村。新丰老树笼罩着明月，长生殿上覆盖着春云。红叶纷纷掩盖了破瓦，绿苔纷纷封锁了断墙。长年累月宫门紧闭，荒凉无人，只有每年寒食节祭奠祖先，宦官充当宫使来开一次宫门。

诗人的回答与天宝乐叟的追述，判若天壤之别的两个世界。一个华清宫由盛而衰的巨变，形象地反映了唐王朝极盛而衰的过程。诗人虽未置一词加以任何评论，而唐室今非昔比的诗旨显而易见，诗人忧国忧民的黯然欲绝之情亦不言而喻。

白居易尽管对地方工作比较投入，但写诗饮酒仍然是他生活中不可或缺的内容。

> 闷发每吟诗引兴，兴来兼着酒开颜。欲逢假日先招客，正对衙时亦望山。勾检簿书多卤莽，堤防官吏少机关。谁能头白劳心力，人道无才也是闲。
>
> ——《自咏》

> 新篇日日成，不是爱声名。旧句时时改，无妨悦性情。但令长守郡，不觅却归城。只拟江湖上，吟哦过一生。
>
> ——《诗解》

白居易这两首诗，坦率陈述自己在杭期间的生活和工作状态。他办公时，勾检书簿雷厉风行，一丝不苟。逢节假日，必招客饮酒赋诗。他爱诗成癖，新篇日日成，旧句时时改，乐在其中。诗人很满足于在地方当个刺史，吟哦过一生。特别是好友元稹出任浙东观察使来浙江以后，两人赠答唱和，更觉其乐无穷。

元稹于长庆三年（823）十月，赴任浙东观察使、越州刺史。白居易得知此消息，十分高兴，立即寄赠诗表示欢迎。

> 稽山镜水欢游地，犀带金章荣贵身。官职比君虽校小，封

疆与我且为邻。郡楼对玩千峰月，江界平分两岸春。杭越风光诗酒主，相看更合与何人？

——《元微之除浙东观察使喜得杭越邻州先赠长句》

元稹赴任途经杭州，白居易与之诗酒欢宴，同住三日："分袂二年劳梦寐，并床三宿话平生。"（《答微之咏怀见寄》）

元稹到越州上任后，白居易与他经常通过邮吏，相互托付诗筒，酬答唱和连绵不断。

满帙填箱唱和诗，少年为戏老成悲。声声丽曲敲寒玉，句句妍辞缀色丝。吟玩独当明月夜，伤嗟同是白头时。由来才命相磨折，天遣无儿欲怨谁？微之句云："天遣两家无嗣子，欲将文字付谁人？"故以此举之。

——《酬微之》

海内声华并在身，箧中文字绝无伦。美微之也。遥知独对封章草，忽忆同为献纳臣。走笔往来盈卷轴，予与微之前后寄和诗数百篇，近代无如此多有也。除官递互掌丝纶。予除中书舍人，微之撰制。微之除翰林学士，予撰制词。制从长庆辞高古，微之长庆初知制诰，文格高古，始变俗体，继者效之也。诗到元和体变新。众称元、白为千字律诗，或号元和格。各有文姬才稚齿，蔡邕无儿，有女琰，字文姬。俱无通子继余尘。陶潜小男名通子。琴书何必求王粲，与女犹胜与外人。

——《余思未尽加为六韵重寄微之》

元稹整理好自己的诗集后，寄诗赠予白居易。白居易接连写了这两首酬答诗。这两首诗，思绪纵横，抒写阅读元稹诗集之后的感想，回顾了两人的平生交往与友情，总结了两人的诗文成就与影响。"制从长庆辞高古，诗到元和体变新"，这个评价虽显得有些自负，却甚为精当，为后人所认同。诗的最后对两人均无儿子传家的问题加以宽解，也是人之常情。

元稹把自己的诗文集命名为《元氏长庆集》。白居易离任时把自己的诗文稿交给元稹。元稹把白居易的文稿加以补充，编纂成集，共五十卷，凡二千一百九十一首，命名为《白氏长庆集》，并写了序文。《白氏长庆集序》记叙了白居易的创作经历，介绍了元和年间元白诗歌的流布盛况，论述了白居易诗文的特长，彰显了文章知己的深情厚谊。这篇序文，成为后人研究白居易创作的重要文献。

白居易与元稹在诗文创作上交往密切，名声相当，影响一代诗风，因而在文学史上并称“元白”。

白居易在杭州刺史任上，经过两年辛勤工作，使杭州出现人民安居乐业的繁荣局面。

岁熟人心乐，朝游复夜游。春风来海上，明月在江头。灯火家家市，笙歌处处楼。无妨思帝里，不合厌杭州。

——《正月十五日夜月》

岁熟年丰，人心欢乐。元宵佳节，百姓朝游夜也游。诗人在这春风明月夜，面对“灯火家家市，笙歌处处楼”的繁华景象，感到十分欣慰，心里想：杭州不也很好，何必再去思念长安！从这首诗的字里行间，我们可以真切地感受到作为一个地方官的白居易那种乐其政成、乐其民乐的愉快心情。

长庆四年（824）五月，白居易刺史秩满，诏授太子右庶子。他并没有立刻动身，而是把杭州的一些名胜古迹又重访了一遍，显示出他对杭州的留恋不舍之情。

湖上春来似画图，乱峰围绕水平铺。松排山面千重翠，月点波心一颗珠。碧毯线头抽早稻，青罗裙带展新蒲。未能抛得杭州去，一半勾留是此湖。

——《春题湖上》

这是白居易在卸任前为西湖题写的一首诗。诗人用浓墨重彩描绘了西湖的山水和田野风光，抒写了对西湖的留恋不舍之情。他毫不掩饰地说：我不舍得离开杭州到别处去，有一半原因是留恋西湖。

吟山歌水嘲风月，便是三年官满时。春为醉眠多闭阁，秋因晴望暂褰帷。更无一事移风俗，唯化州民解咏诗。

——《留题郡斋》

这是白居易在郡斋写下的留别诗。他觉得自己三年来吟山歌水，到处咏诗题壁，营造了浓厚的诗歌氛围，在耳濡目染之下州民亦懂得了咏诗，这可算是移风易俗的一项贡献，值得在郡斋题壁留念。白居易在杭诗作的广泛传播，的确提升了杭州的诗情画意，也提升了州民的文化素养。

五月钱塘江水势暴涨，威胁人民生命财产安全。白居易临行之前还前往祭奠浙江之神，为民祈福。

滔滔大江，南国之纪。安波则为利，洚流则为害。故我上帝命神司之。今属潮涛失常，奔激西北。水无知也，如有凭焉。侵淫郊鄽，坏败庐舍，人坠垫溺，吁天无辜。居易祗奉玺书，兴利除害，守土守水，职与神同。是用备物致诚，躬自虔祷。庶俾水反归壑，谷迁为陵，土不骞崩，人无荡析。敢以醴币羊豕，沉奠于江。惟神裁之，无忝祀典。

——《祭浙江文》（节录）

他面对潮涛失常、洪水肆虐、危及人民生命财产安全的严重情况，深感兴利除害、守土守水是自己肩负的神圣职责。因而虔诚祈祷大水能够消退，以保全土地，保全人民。可见他就要离任之时仍然心系民生，企图尽心尽责为民解忧除患。

六月下旬，白居易终于离杭启程了。

启程那天，杭州的男女老少都出来送行，许多人提着酒壶，有些人竟泣不成声，令白居易十分感动。他即席写下《别州民》一诗：

耆老遮归路，壶浆满别筵。甘棠无一树，那得泪潸然？税重多贫户，农饥足旱田。唯留一湖水，与汝救凶年。今春增筑钱唐湖堤，贮水以防天旱，故云。

他说：父老乡亲们拦路相送，摆满酒水为我饯别。我惭愧在任上没有什么建树，哪里值得你们为我挥泪送别？接着，他为自己没能为百姓多办事而自责：江南地方税重，还有很多贫困农户；此地旱田太多，不少农户还有饥荒。我只增筑了西湖堤坝，给父老乡亲们留下一湖水，希望能帮助你们度过灾荒之年。诗人这一席告别州民的言辞，说得很恳切，有对州民盛情送别的感激，也有对无能为力解决“税重”问题的自责，但并不讳言自己留下的惠民政绩，彰显了一个清正为民官吏的真实形象。

白居易的离任留别诗令人感动。他还做了一件更令人感动的事。

“白居易，长庆二年以中书舍人为杭州刺史。……及罢。俸钱多留守库，继守者公用不足，则假而复填，如是五十余年。”（王谠《唐语林》卷二《文学》）

三年为刺史，饮冰复食檗。唯向天竺山，取得两片石。此抵有千金，无乃伤清白？

——《三年为刺史二首》其二

白居易离开杭州时，没有把自己积余的俸钱带走，而是把它留在郡守的公库中，以备公用之不足。他含辛茹苦在杭州当了三年刺史，两袖清风而归，只是从天竺山拣了两块自己喜爱的石头带走，竟然还要质问自己是否有伤清白？这种克己奉公、清正廉洁的品行，令人肃然起敬。杭州人民永远不会忘记他的高风亮节和惠民政绩。后人把横亘西湖中的白沙堤，改称为“白堤”，这是对白居易最好的纪念。

白居易坐着送行的官船离开杭州，沿着南运河进入长江，到瓜步又进入北运河，驶往北方。途经符离时，他停舟小住，探视一下年轻时生活过的地方。

三十年前路，孤舟重往还。绕身新眷属，举目旧乡关。事去唯流水，人非但见山。啼襟与愁鬓，此日两成斑。

——《汴河路有感》

别业埇城北，抛来二十春。改移新径路，变换旧村邻。有税田畴薄，无官弟侄贫。田园何用问，强半属他人。

——《埇桥旧业》

诗人进入汴河路（即运河河南、淮北段），故地重游，面目全非，恍如隔世之感：绕身眷属全是新人，只有眼前山关依旧。过去的事全过去了，唯有河水长流；过去的人全不见了，唯有青山长在。此情此景，令人无限感慨，不禁泪洒衣襟，愁绪萦怀。

看看自家昔日田庄，路径已经改移，旧邻亦已变换。白氏家族中还有堂弟侄在这里居住，但生活状况很不好，税重田地薄，无官家境贫，田园多半已属于他人。白氏大家族在乱世中也衰落了，能不令人感慨万千？

民生凋敝不独一家，放眼汴河两岸，屡经战乱，到处留下一片荒残景象。

汴河无景思，秋日又凄凄。地薄桑麻瘦，村贫屋舍低。早苗多间草，浊水半和泥。最是萧条处，茅城驿向西。

——《茅城驿》

汴河一带没有景致，秋日更加萧瑟凄凉。土地贫瘠桑麻都很瘦小，村民贫困屋舍也很低矮。田间旱苗杂草间生，河中流水半是黄泥。茅城驿向西一带，更加是一片荒凉。

诗人看到家族衰落，民生凋敝，社会经济萧条，如今家国这样的状况，怎不令人伤怀和忧虑，难怪他说“啼襟与愁鬓，此日两成斑”了。

杭州官船送白居易到汴河尽头，要返回了。他特地写了一首诗：

自别钱唐山水后，不多饮酒懒吟诗。欲将此意凭回棹，与报西湖风月知。

——《杭州回舫》

诗人在杭州任职三年，对杭州有很深的感情，以西湖为代表的杭州山水，使他魂牵梦绕，难以忘怀。在杭州官船返回之际，他特别写诗请回船报告“西湖风月”：自从离别杭州之后，我日夜思念着您，连饮酒作诗的兴致都没有了。诗人仿佛是热恋中的情人，以这种痴情的倾诉，表达自己对杭州的爱恋之情。杭州，成了诗人日后长相忆的地方。

十、苏州刺史告病休

长庆四年（824）秋初，白居易回到东都洛阳。他不想回长安，乞求分司东都，很快获得批准，成为太子左庶子分司东都。于是他决定在洛阳卜居。

> 三年典郡归，所得非金帛。天竺石两片，华亭鹤一只。饮啄供稻粱，包裹用茵席。诚知是劳费，其奈心爱惜。远从余杭郡，同到洛阳陌。下担拂云根，开笼展霜翮。贞姿不可杂，高性宜其适。遂就无尘坊，仍求有水宅。东南得幽境，树老寒泉碧。池畔多竹阴，门前少人迹。未请中庶禄，且脱双骖易。买履道宅价不足，因以两马偿之。岂独为身谋，安吾鹤与石。
>
> ——《洛下卜居》

他从杭州带回天竺石两片，华亭鹤一只，非常喜爱其性质坚贞、高洁，想找一处幽静的地方把它们安顿好。于是在洛阳城东南部履道坊买下杨凭故宅。因为尚未领受太子庶子的俸禄，手头购宅的钱不够，就把两匹马卖了凑数。迁入新居以后，他对住宅的清幽环境感到很满意。因为此处的“竹木池馆，有林泉之致”（《旧唐书·白居易传》），是“吏隐”的理想环境。他说：“岂独为身谋，安吾鹤与石。”其实诗人主要是为自身谋求一个清静优雅的处所，能够与鹤、石为伴，安度余生。

吾庐不独贮妻儿，自觉年侵身力衰。眼下营求容足地，心中准拟挂冠时。新昌小院松当户，履道幽居竹绕池。莫道两都空有宅，林泉风月是家资。

——《吾庐》

白居易自求闲退，希望远离政治旋涡，营求一个平静的容足之地，也为以后辞官归隐做准备。他认为长安的新昌小院、洛阳的履道幽居并不足夸耀，林泉风月才是自己真正的财富。这时他的“吏隐”思想比较强烈：“洛下招新隐，秦中忘旧游。辞章留凤阁，班籍寄龙楼。病惬官曹静，闲惭俸禄优。琴书中有得，衣食外何求？济世才无取，谋身智不周。应须共心语，万事一时休。”（《履道新居二十韵》）他由于济世之志无法伸展，个人仕途屡遭不测，因而产生消极隐退、万事皆休的思想，这其中自有难言的苦衷。

白居易的履道闲居生活并没有持续多久，第二年，即宝历元年（825）三月，即被任命为苏州刺史。

乱雪千花落，新丝两鬓生。老除吴郡守，春别洛阳城。江上今重去，城东更一行。别花何用伴，劝酒有残莺。

——《除苏州刺史别洛城东花》

诗人将赴苏州，特地到洛阳城东再看看牡丹花。见落花如乱雪纷飞，叹自己年老而不得安居，又要告别洛阳，重往江南出任地方官，流露出一种无可奈何的心情。

杭城隔岁转苏台，还拥前时五马回。厌见簿书先眼合，喜逢杯酒暂眉开。未酬恩宠年空去，欲立功名命不来。一别承明三领郡，甘从人道是粗才。

——《赴苏州至常州答贾舍人》

诗人在赴苏州途中写的这首诗，道出了他的一些真实想法。他感慨自己时运不济，年华虚度，无法实现“秉国权，治天下”的宏愿，不能为国家有所建树。在外任做地方官虽然能在所治地域为人民做一些好事，但对整个社会来说作用不大。因此他感到自己在几个地方做刺史也没有什么作为，甘愿别人说他才能粗浅。

其实他每到一个地方做刺史，都能勤政爱民，做出显著政绩，受到人民的爱戴。

五月，白居易到达苏州上任。他深知担任苏州这样的东南大州的刺史，守土责任重大，当即向朝廷表态要尽心竭力做好自己的本职工作：“当今国用，多出江南，江南诸州，苏最为大。兵数不少，税额至多。土虽沃而尚劳，人徒庶而未富，宜择循良之吏，委以抚绥。岂臣琐劣之才，合当任使？然既奉成命，敢不誓心？必拟夕惕夙兴，焦心苦节。唯诏条是守，唯人（民）瘼是求。谕陛下忧勤之心，布陛下慈和之泽。”（《苏州刺史谢上表》）

他说到做到，随即用心投入紧张的政务工作之中。

清旦方堆案，黄昏始退公。可怜朝暮景，销在两衙中。

——《秋寄微之十二韵》（节录）

朝亦视簿书，暮亦视簿书。簿书视未竟，蟋蟀鸣座隅。

——《题西亭》

今年五月至苏州，朝钟暮鼓催白头。贪看案牍常侵夜，不听笙歌直到秋。

——《霓裳羽衣舞歌》

诗人每天起早贪黑，忙于处理公务，从五月到秋天，一直紧张工作，连听听笙歌也顾不上。

经过十多天的了解调查、酝酿思考，他初步明确了自己在苏州守土经邦的施政方略。

渭北离乡客，江南守土臣。涉途初改月，入境已经旬。甲郡标天下，环封及海滨。版图十万户，兵籍五千人。自顾才能少，何堪宠命频。冒荣惭印绶，虚奖负丝纶。除苏州制云：“藏于己为道义，施于物为政能。在公骨鲠之志，阖境有袴襦之乐。”候病须通脉，防流要塞津。救烦無若静，补拙莫如勤。削使科条简，摊令赋税均。以兹为报效，安敢不躬亲？襦袴提于手，韦弦佩在绅。敢辞称俗吏，且愿活疲民。

——《自到郡斋仅经旬日方专公务未及宴游偷闲走笔题二十四韵兼寄常州贾舍人湖州崔郎中仍呈吴中诸客》（节录）

《除苏州刺史制》中有“阖境有袴襦之乐”一句，称道白居易在杭州的惠民政绩。“袴襦之乐”，原指后汉廉范任蜀郡太守时施行仁政，提高百姓生活水平，得到百姓的赞颂。制词把白居易比作廉范，充分肯定他在杭州工作的成绩。白居易一方面感到虚受奖掖，另一方面也使他明确了日后的工作方向。他要时刻把百姓的衣食之忧挂在心上，努力让劳苦大众的生活有所改善。为此，他提出了一系列便民惠民的措施：通脉候病，塞津防流，以静救烦，以勤补拙，削简科条，均摊赋税。他还要事必躬亲，抓紧落实工作，决不做无所作为、昏庸度日的俗吏。

白居易喜爱苏州，对苏州的人文景观和自然风光颇为欣赏。他以自己的见闻和感受为苏州写生，留下不少富有诗情画意的诗篇。

阊门四望郁苍苍，始觉州雄土俗强。十万夫家供课税，五千子弟守封疆。阖闾城碧铺秋草，乌鹊桥红带夕阳。处处楼前飘管吹，家家门外泊舟航。云埋虎寺山藏色，月耀娃宫水发光。曾赏钱唐嫌茂苑，今来未敢苦夸张。

——《登阊门闲望》

诗人登上苏州城西门，环望四周，给苏州绘制了一幅城市鸟瞰图。城区一片郁郁苍苍，颇有大州大府的气概。古代吴国留下的阖闾城、乌鹊桥，显示苏州的悠久历史和古城风采。处处楼前飘扬管乐之声，家家门外停有航行的船，也见出苏州的富庶繁华和水乡特色。

黄鹂巷口莺欲语，乌鹊河头冰欲销。绿浪东西南北水，红栏三百九十桥。鸳鸯荡漾双双翅，杨柳交加万万条。借问春风来早晚，只从前日到今朝。

——《正月三日闲行》

诗人正月初三闲游，漫步街头，即景描绘了一幅苏州早春图。巷口莺欲语，河头冰欲消，早春来了。满城是南北水道，处处是绿水红桥，显示苏州的水城特色。水中鸳鸯拍动双双翅膀，水畔杨柳舒展万千枝条，呈现一派早春的生动景象。诗的结尾诗人自问自答，说春风一夜之间来到，道出了人们对春天悄然来临的欣喜之情。

为了完成当年的朝贡任务，白居易亲自出马，前往太湖中的洞庭山，督办拣选贡橘的工作："洞庭贡橘拣宜精，太守勤王自请行。"（《拣贡橘书情》）

阊门曙色欲苍苍，星月高低宿水光。棹举影摇灯烛动，舟移声曳管弦长。渐看海树红生日，遥见包山白带霜。出郭已行十五里，唯销一曲慢霓裳。

——《早发赴洞庭舟中作》

水天向晚碧沉沉，树影霞光重叠深。浸月冷波千顷练，苞霜新桔万株金。幸无案牍何妨醉，纵有笙歌不废吟。十只画船何处宿，洞庭山脚太湖心。

——《宿湖中》

凌晨天色微明诗人便从阊门出发，水路上只见星月交辉，波光粼粼。待天明时在船中远望，可见海树后一轮红日冉冉升起，洞庭山上披着一身白霜。船行途中有管弦相伴，一曲终了，离城已行了十五里。

夜晚，诗人一行就住宿在湖中洞庭山脚。向晚时水天苍茫，霞光与树影交辉。入夜后可见千顷澄波深藏皓月，万株橘树闪烁金光。如此良辰美景，诗人于是吟诗饮酒，一醉方休。

诗人在湖中一连住了五夜，他曾向元稹夸耀这一次经历：“报君一事君应羡，五宿澄波皓月中。”（《泛太湖书事寄微之》）

白居易在苏州也很重视民生工程。上任当年，他就主持了重开武丘寺路。

> 自开山寺路，水陆往来频。银勒牵骄马，花船载丽人。芰荷生欲遍，桃李种仍新。好住湖堤上，长留一道春。
>
> ——《武丘寺路》

此诗题下自注云：“去年重开寺路，桃李莲荷约种数千株。”诗写于宝历二年（826），可见重开武丘寺路在前一年。他上任不久，即主持疏浚开凿了从阊门到虎丘（唐人避讳改为武丘）长达七里的山塘河，在河边筑堤修路，还在路旁种上桃李树，在湖里栽上莲荷。因此自开此路以后，不仅便利水陆交通，形成了游人如织的繁荣景象，从此堤上还长留一道桃李争春的美丽风景。这是一项利在当代功在千秋的工程，现代作家陆文夫在《老苏州》一书中说：“七星山塘不仅解决了水患，同时还为苏州人游虎丘提供了水陆交通之便，造成了阊门外千百年来的繁荣。”

> 吴中好风景，风景无朝暮。晓色万家烟，秋声八月树。舟移管弦动，桥拥旌旗驻。改号齐云楼，重开武丘路。况当丰熟岁，好是欢游处。州民劝使君，且莫抛官去。
>
> ——《吴中好风景二首》其二

苏州本是风景秀丽的江南水城，白居易来到之后，主持了不少惠民工程，实施了一些惠民政策，促进了地方经济繁荣，百姓也得到了实惠，因此才会留恋好官，出现“州民劝使君（刺史），且莫抛官去”的情况。诗中列举的“改号齐云楼，重开武丘路”，自然只是白居易政绩的两个事例而已。

宝历二年（826）春天，白居易身体状况越来越差：“岂独年相迫，兼为病所侵。春来痰气动，老去嗽声深。”（《自叹》）诗人痰多，咳嗽严重，眼睛看东西也有些昏暗。诗人不幸又在从灵岩寺归来途中从马上掉下来，摔伤了腰和腿，一躺就是一个多月。

足伤遭马坠，腰重倩人抬。只合窗间卧，何因花下来？坐依桃叶妓，行呷地黄杯。强出非他意，东风落尽梅。

——《马坠强出赠同座》

可见他这次坠马伤势不轻，直到四月中才得基本痊愈，勉强可以活动。

五月以后，诗人的眼病越来越严重。

散乱空中千片雪，蒙笼物上一重纱。纵逢晴景如看雾，不是春天亦是花。已上四句，皆病眼中所见者。僧说客尘来眼界，医言风眩在肝家。两头治疗何曾差，药力微茫佛力赊。

眼藏损伤来已久，病根牢固去应难。医师尽劝先停酒，道侣多教早罢官。案上谩铺龙树论，龙树菩萨著《眼论》。合中虚捻决明丸。人间方药应无益，争得金篦试刮看？

——《眼病二首》

眼睛里像蒙上一重纱，看景物如雾里飞雪花。看来诗人的眼病相当严重，各方求治也都不见效果。他感到自己身体已无法继续坚持工作。

腰痛拜迎人客倦，眼昏勾押簿书难。辞官归去缘衰病，莫作陶潜范蠡看。

——《酬别周从事二首》其一

腰痛、眼昏，让诗人对刺史的工作感到吃力。

公私颇多事，衰惫殊少欢。迎送宾客懒，鞭笞黎庶难。老耳倦声乐，病口厌杯盘。既无可恋者，何以不休官？

——《自咏五首》其三

诗人厌烦官场的世俗应酬，更不忍心为完成征兵、收税的数额去鞭打百姓。苏州“兵数不少，税额至多。土虽沃而尚劳，人徒庶而未富”（《苏州刺史谢上表》）。当年又逢旱灾。在这种情况下，要完成朝廷下达的征兵、收税任务，就难免出现强行征收、鞭打百姓的情况。对此，白居易感到十分为难。于是，他决定以身体有病为由，请百日长假。

到八月末，白居易假期届满，根据惯例，他被免除州刺史的职务。

五年两郡亦堪嗟，偷出游山走看花。自此光阴为己有，从前日月属官家。樽前免被催迎使，枕上休闻报坐衙。睡到午时欢到夜，回看官职是泥沙。

——《喜罢郡》

免除苏州刺史的官职，白居易感到如释重负，一身轻松。回想五年来在杭、苏两郡任上，整天忙于奉迎上司，坐衙处理公事，多么不自由。游山玩水，也只是忙里偷闲，走马看花。离任之后，一切时间都属于自己了，没有公务缠身，可以自由自在地休息。回头看看官职就像泥沙一样，没有什么可以回味的价值。

白居易对苏州这个地方还是有感情的。罢郡之后，他一面准备北归的事务，一面遍访苏州胜地。他登上齐云楼，对苏州城做一次最后的凭吊。

潦倒宦情尽，萧条芳岁阑。欲辞南国去，重上北城看。复叠江山壮，平铺井邑宽。人稠过扬府，坊闹半长安。插雾峰头没，穿霞日脚长。水光红漾漾，树色绿漫漫。约略留遗爱，殷勤念旧欢。病抛官职易，老别友朋难。九月全无热，西风亦未寒。齐云楼北面，半日凭栏干。

——《齐云楼晚望偶题十韵兼呈冯侍御周殷二协律》

齐云楼，在苏州州署后面的子城上，为唐初曹恭王李明任苏州刺史时所建，名月华楼。白居易来苏州任职之后，见月华楼历经百年风雨已陈旧不堪，对楼宇进行了修缮，改号齐云楼。时当九月，傍晚时分，他登上齐云楼，再次眺望全城景色，有一种不同寻常的观感。苏州确为东南形胜，三吴都会，江山重峦叠嶂异常壮观，井邑千门万户地域宽广，人口稠密超过曾为大都督府的扬州，街坊闹市也抵得上半个长安。苏州的山水风光也别具特色，山峰云雾缭绕，地面霞光万道，水漾红光酷似锦缎，树如绿海漫无边际。多么美好宜人的地方，就要与你分别了。此时此刻，他思绪万千，心潮难平："约略留遗爱，殷勤念旧欢。病抛官职易，老别友朋难。"回想这两年在苏州惠民的事做得不多，约略可数的也只有"改号齐云楼，重开武丘路"（《吴中好风景二首》其二）而已，而值得想念的开心事一桩桩却很多。因病离任官职是容易的事情，老来别友后会无期最令人难受。苏州的地利人情，让诗人依依不舍，难以释怀。他在齐云楼上，半日凭栏，不忍离去。

十月初，白居易启程北返，告别苏州。

浩浩姑苏民，郁郁长洲城。来惭荷宠命，去愧无能名。青紫行将吏，班白列黎氓。一时临水拜，十里随舟行。饯筵犹未收，征棹不可停。稍隔烟树色，尚闻丝竹声。怅望武丘路，沉吟浒水亭。还乡信有兴，去郡能无情？

——《别苏州》

诗人承受恩赐的使命来到苏州，为自己无所作为而离开感到惭愧。临别的场景使他非常感动：文武官吏、老少州民都前来送行，临水相拜，随船相送，他们抬着酒席，吹奏着管弦乐，送行十里还不肯回去。诗人在不绝于耳的管弦声中，回望武丘路、浒水亭，对苏州也有一种依依惜别之情：“还乡信有兴，去郡能无情?”还乡固然好，惜别亦令人动情！

白居易走到扬州，在扬州南面的扬子津，与刘禹锡不期而遇。两人本来多有诗篇唱和，这次刘禹锡自和州刺史征还，也路经扬州，恰巧与白居易相遇。于是两人同游扬州，盘桓约半月之久。

两人在扬州游览亭台楼阁，山水名胜，常常对酒联吟。刘禹锡听到白居易辞职离开苏州的情况，写了《白太守行》：

闻有白太守，抛官归旧溪。苏州十万户，尽作婴儿啼。太守驻行舟，阊门草萋萋。挥袂谢啼者，依然两眉低。朱户非不崇，我心如重狴。华池非不清，意在寥廓栖。夸者窃所怪，贤者默思齐。我为太守行，题在隐起珪。

白居易随即写了《答刘禹锡白太守行》：

吏满六百石，昔贤辄去之。秩登二千石，今我方罢归。我秩讶已多，我归惭已迟。犹胜尘土下，终老无休期。卧乞百日告，起吟五篇诗。谓将罢官《自咏五首》。朝与府吏别，暮与州民辞。去年到郡时，麦穗黄离离。今年去郡日，稻花白霏霏。为郡已周岁，半岁罹旱饥。襦袴无一片，甘棠无一枝。何乃老与幼，泣别尽沾衣。下惭苏人泪，上愧刘君辞。

刘禹锡《白太守行》赞扬白居易主动辞官，高尚品行值得称道，为政有方，受到苏州百姓爱戴。白居易答诗，首先叙说自己辞职已是很晚了：昔贤只要六百石俸禄，动辄罢官离去。我的俸禄有两千石，直到今天才离职。都快入黄土的人了，却还在岗位上。我惭愧拿的俸禄太多，离职的时间太晚。其次说当苏州刺史已满一年，却没有多少良策善政惠及民生，给百姓带来好处，如何对得起那么多老幼百姓痛哭流涕的送行。因此他最后说：一来对不起苏州百姓的眼泪，二来受不起刘禹锡的称赞。其实白居易是过分谦虚自责了。民心是一面镜子，官吏好坏，其政绩大小，百姓心里最清楚。白居易在苏州刺史任上如若乏善可陈，没有尽心竭力为民谋福利，怎么可能无缘无故地得到苏州人民那样的深情爱戴，依依送别？刘禹锡写诗称赞，也不过是复述当时送别的动人情景，并没有夸大其辞。

在酒席间两人交谈过往的人生经历，白居易听了刘禹锡二十多年的坎坷遭遇，当场写下《醉赠刘二十八使君》一诗：

为我引杯添酒饮，与君把箸击盘歌。诗称国手徒为尔，命压人头不奈何。举眼风光长寂寞，满朝官职独蹉跎。亦知合被才名折，二十三年折太多。

刘禹锡随即回赠，写下《酬乐天扬州初逢席上见赠》一诗：

巴山楚水凄凉地，二十三年弃置身。怀旧空吟闻笛赋，到乡翻似烂柯人。沉舟侧畔千帆过，病树前头万木春。今日听君歌一曲，暂凭杯酒长精神。

白居易饮酒悲歌，称赞刘禹锡的诗才，对他的坎坷遭遇深表同情：你诗称国手也徒劳无用，命运压头真无可奈何。放眼望去都风风光光，唯有你一直受到冷落，满朝上下尽是达官贵人，唯有你频遭种种挫折。一个人命运被才名折损也是常事，但遭遇二十三年的磨难实太多！

刘禹锡举杯酬答，感慨自己长期被流离弃置，一旦重回故地恍如隔世，人事全非，而对世事变迁和宦海升沉，他并不悲观，吟出了“沉舟侧畔千帆过，病树前头万木春”的名句，劝慰白居易不必为自己的蹉跎而忧伤，事物的兴衰荣辱只有顺其自然，表示要在朋友的关怀下重新振作精神，投入到未来的生活中去。

两位诗人相互安慰，相互鼓励，开启了更加亲密的“刘白唱和”新阶段。

两人离开扬州，沿运河北上，到楚州又停留数日，而后到汴州分手，刘禹锡奔向洛阳，白居易则绕道新郑，探视自己出生地的故宅。

生长在荥阳，少小辞乡曲。迢迢四十载，复到荥阳宿。去时十一二，今年五十六。追思儿戏时，宛然犹在目。旧居失处所，故里无宗族。岂唯变市朝，兼亦迁陵谷。独有溱洧水，无情依旧绿。

——《宿荥阳》

荥阳（今河南省新郑市）是白居易的出生地，他十一二岁时离开，四十年后回来探望。心中追思儿时的生活，连游戏玩要都还记忆犹新。他欣然故地重游，处处寻访往迹，却一切都变了：旧居已经不复存在，故里宗族亦已没有亲人，坊里街市以至自然地貌都有了变迁，唯有溱水、洧水还荡漾着绿波，叫人情何以堪！诗人寻访故里，怀着思乡念旧的满腔热情而来，却只有带着世事沧桑的无限感慨怏怏而去。

太和元年（827）正月底，白居易回到洛阳。

他这次从苏州回来，带回一尊太湖石，视为珍玩。

烟翠三秋色，波涛万古痕。削成青玉片，截断碧石根。风气通岩穴，苔文护洞门。三峰具体小，应是华山孙。

——《太湖石》

白居易非常欣赏太湖石的奇异形态，那青绿如烟的颜色，留下千万年波涛冲刷的痕迹。山石形体峭拔，如同用青玉削成一般。石体孔穴剔透通气，洞口还附着一些苔痕。三个山峰具体而微小，像是西岳华山中莲花、玉女、明星三峰的缩影。

白居易对太湖石的欣赏具有独到的眼光和想象力。他在苏州任职期间，在太湖洞庭山发现了太湖石，选了两块抬到郡府大院，对其丑怪多姿非常欣赏，把玩不已，视之为自己生活的伴侣。

苍然两片石，厥状怪且丑。俗用无所堪，时人嫌不取。结从胚浑始，得自洞庭口。万古遗水滨，一朝入吾手。担舁来郡内，洗刷去泥垢。孔黑烟痕深，罅青苔色厚。老蛟蟠作足，古剑插为首。忽疑天上落，不似人间有。一可支吾琴，一可贮吾酒。峭绝高数尺，坳泓容一斗。五弦倚其左，一杯置其右。窪樽酌未空，玉山颓已久。人皆有所好，物各求其偶。渐恐少年场，不容垂白叟。回头问双石，能伴老夫否？石虽不能言，许我为三友。

——《双石》

这大概是白居易赏玩太湖石的开始。太湖石是因为地壳运动引起岩浆喷发，岩浆冷凝后形成带有气孔的流纹岩，沉入古太湖，形状丑怪，当时无人赏识。白居易得之于太湖中间的洞庭山，喜出望外，对其赞赏有加，说明他具有超人的鉴赏眼光。回到洛阳之后，他还写过另一首《太湖石》《奉和思黯相公以李苏州所寄太湖石奇状绝伦因题二十韵见示兼呈梦得》等诗和一篇《太湖石记》。《太湖石》对另一尊太湖石的奇异形态做了生动形象的描写："远望老嵯峨，近观怪嵚崟。才高八九尺，势若千万寻。嵌空华阳洞，重叠匡山岑。邈矣仙掌迥，呀然剑门深。形质冠今古，气色通晴阴。未秋已瑟瑟，欲雨先沉沉。天资信为异，时用非所任。磨刀不如砺，捣帛不如砧。何乃主人意，重之如万金？岂伊造物者，独能知我心？"《奉和思黯》诗所咏的太湖石更是奇状绝伦，令人赞叹不已。诗人的这三首诗津津乐道，把太湖石的瘦、漏、透、皱的四大特点刻画得活灵活现，使其怪异的形态呈现一种耐人寻味的独特美感。《太湖石记》详细论述了太湖石的产地、特点、欣赏价值和分类标准，并对太湖石的卓越地位做出评价："石有族聚，太湖为甲，罗浮、天竺之徒次焉。”他的几首太湖石诗和《太湖石记》，都是赏石史上的重要文献。我国赏石之风兴起于中唐，白居易是较早的奇石收藏者和鉴赏者之一。他以奇形怪状作为赏石的审美标准，为太湖石的鉴赏做出了独特的贡献。由于白居易诗文的倡导，太湖石的欣赏价值逐渐为人们所认同，成为庭院的观赏摆设，到元代被广泛应用于园林，到明清时期，太湖石成为江南私家园林不可或缺的重要景观。著名的苏州园林就荟萃了太湖石的众多精品，奇形怪状的太湖石及其堆砌而成的假山，构成了园林最具特色的景观，受到游人的赞赏。这也可以说是白居易留给苏州的一份宝贵的文化遗产。

十一、暮年余力及黔黎

大和元年（827）三月，白居易拜秘书监，奉命回长安任职。秘书监是白居易初入仕途时曾在那里任校书郎的秘书省的长官，官阶三品。职位不低，却很清闲："尽日后厅无一事，白头老监枕书眠。"（《秘书后厅》）

> 五十年来思虑熟，忙人应未胜闲人。林园傲逸真成贵，衣食单疏不是贫。专掌图书无过地，遍寻山水自由身。傥年七十犹强健，尚得闲行十五春。
>
> ——《闲行》

白居易身居闲职，自然有投闲置散的感觉，但他并不为之苦恼，而是以与世无争、知足常乐的态度泰然处之。他回想自己五十年来的经历、见闻，认为忙人未必胜过闲人，闲逸亦可以成为不随流俗的贵人。既然朝廷把自己当作闲人看待，掌管图书的工作也不会出现什么过失，那就好好利用这个清闲自在的时机，寻幽探胜，游山玩水，享受几年清闲的生活。

当年冬天他到东都洛阳出了一次公差，也是"闲官兼慢使，著处易停轮"（《酬皇甫宾客》），日驰一驿，边走边玩，没有什么重要的任务。值得一书的是他在当年九月参加了一场"三教讲论"。

九月，上诞节，召居易与僧惟澄、道士赵常盈对御讲论于麟德殿。居易论难锋起，辞辩泉注，上疑宿构，深嗟挹之。

——《旧唐书·白居易传》

唐文宗即位后，他于诞辰日时在麟德殿举行了一场“三教讲论”，诏白居易作为儒士代表参加讲论，并且做主持人。在讲论场上，白居易与佛教方面和道教方面代表相互“问”“难”对答，他辩辞泉涌，对答如流，以致让文宗怀疑他预先做好了准备。在发言中，他提出了三教殊途同归的论断：“夫儒门、释教，虽名数则有异同，约义立宗，彼此亦无差别。所谓同出而异名，殊途而同归者也。”（《三教论衡》）这个论断，表明白居易对于儒、道、释兼收并蓄的态度，是他对三教思想体悟与研究的成果。事实上，在他的生活之中，尊儒、学道、参佛，往往是并行不悖的。

次年二月，白居易迁任刑部侍郎。刑部是掌管刑法的机构。侍郎是刑部的副职长官。他认为这是实现自己青年时代所怀理想的一次机会。他在《策林》中曾有几篇关于刑法的论述，主张肉刑可废不可用，刑与礼要迭相为用，“止狱措刑在富而教之”，要升法科、选法吏以减少刑法之弊，要理大罪、赦小过使人畏爱悦服，等等。他的理想是贞观年代的“一岁断刑，未满三十”，让“囹圄空虚”（《止狱措刑》），牢狱中没有多少罪犯。他在任左拾遗时，曾进呈《闵乡县禁囚状》，请求放免贫穷禁囚，消除“冤滞”。他写的《秦中吟·歌舞》一诗，曾批判刑部一班司法高官在雪天夜以继日地寻欢作乐，而此时闵乡监狱中的犯人竟有冻死的：“岂知闵乡狱，中有冻死囚。”无情揭露司法的黑暗。如今自己在刑部当政，他不会忘记应负的职责，劝勉自己。

稀稀疏疏绕篱竹，窄窄狭狭向阳屋。屋中有一曝背翁，委置形骸如土木。日暮半炉麸炭火，夜深一盏纱笼烛，不知有益及民无，二十年来食官禄。就暖移盘檐下食，防寒拥被帏中宿。秋官月俸八九万，岂徒遣尔身温足？勤操丹笔念黄沙，莫使饥寒囚滞狱。

——《和自劝二首》其一

诗人表示不能坐享高官厚禄，只顾自己温饱，而要勤政恤民，既为刑部长官，就要做到使黄沙狱中不再有冻死囚犯的情况发生。

白居易在刑部勤奋工作不到一年，当年岁末就告百日长假了。什么原因呢?《戊申岁暮咏怀三首》说得比较清楚。

穷冬月末两三日，半百年过六十时。龙尾趁朝无气力，牛头参道有心期。荣华外物终须悟，老病旁人岂得知。犹被妻儿教渐退，莫求致仕且分司。

唯生一女才十二，只欠三年未六旬。婚嫁累轻何怕老，饥寒心惯不忧贫。紫泥丹笔皆经手，赤绂金章尽到身。更拟踟蹰觅何事，不归嵩洛作闲人?

七年囚闭作笼禽，但愿开笼便入林。幸得展张今日翅，不能辜负昔时心。人间祸福愚难料，世上风波老不禁。万一差池似前事，又应追悔不抽簪。

从这几段内心自白中可以得知，白居易请长假有几个原因，一是身体病弱，不堪朝谒，因此妻子和女儿劝他求个分司官，回洛阳去过清闲日子；二是朝廷党争，风波不息，他鉴于过往的不幸遭遇，担心再遭不测之灾；三是官阶荣身，心满意足，没有必要再辛苦经营。因而他决意退隐。这其中，对于宦官介入的朝廷权力斗争心存畏惧，恐怕是主要的原因。

大和三年（829）三月下旬，白居易百日假满，照例免去刑部侍郎，诏授太子宾客，分司东都。

白居易出任秘书监和刑部侍郎在长安整整两年。此期间他与元稹、刘禹锡唱和诗作很多，编成两本诗集，一本是与元稹唱和的

《因继集》，一本是与刘禹锡唱和的《刘白唱和集》。《因继集》收诗314首，其唱和方式不是即兴赋诗，而是成批成批的唱和。《刘白唱和集》存诗138首，多是即兴之作。这两本诗集没有流传下来，其诗作也许已收入全集之中。文集中还存有《因继集重序》《刘白诗和集解》，可以从中了解当年彼此唱和的情况。

且看三位诗人游杏园的唱和之作：

怪君把酒偏惆怅，曾是贞元花下人。自别花来多少事，东风二十四回春。

——白居易《杏园花下赠刘郎中》

二十余年作逐臣，归来还见曲江春。游人莫笑白头醉，老醉花间有几人？

——刘禹锡《杏园花下酬乐天见赠》

刘郎不用闲惆怅，且作花间共醉人。算得贞元旧朝士，几人同见太和春？

——元稹《酬白乐天杏花园》

这几首诗写于大和二年（828）。刘禹锡被贬二十四年后还朝任主客郎中，重游杏园，自有不胜今昔的惆怅之感。白居易的赠诗和元稹的和诗都劝慰友人不用惆怅，刘禹锡的和诗也表明他已从惆怅的情绪中解脱出来，能够笑对人生的曲折沉浮。从此可见，三位诗人的唱和之作，多为个人感情的抒发，相互劝慰和鼓励是其中不可或缺的内容。

大和三年四月初，白居易告别长安，启程去洛阳。

灞浐风烟函谷路，曾经几度别长安。昔时蹙促为迁客，今日从容自去官。优诏幸分四浩秩，祖筵惭继二疏欢。尘缨世网重重缚，回顾方知出得难。

——《长乐亭留别》

离开长安，诗人无限感慨，得以摆脱重重世网，离开政治旋涡，他又感到十分庆幸。此后，他再也没有回过长安。

白居易回到洛阳，住进自家的履道宅，非常高兴。

驿吏引藤舆，家僮开竹扉。往时多暂住，今日是长归。眼下有衣食，耳边无是非。不论贫与富，饮水亦应肥。

——《归履道宅》

他抚今思昔，对于如今在东都做一个挂名的太子宾客很是满意。

忆除司马向江州，及此凡经十五秋。虽在簪裾从俗累，半寻山水是闲游。谪居终带乡关思，领郡犹分邦国忧。争似如今作宾客，都无一念到心头。

——《思往喜今》

诗人这时虽仍在禄位，但实际上是过着隐士般的闲居生活，他自己称之为“中隐”。

大隐住朝市，小隐入丘樊。丘樊太冷落，朝市太嚣喧。不如作中隐，隐在留司官。似出复似处，非忙亦非闲。不劳心与力，又免饥与寒。终岁无公事，随月有俸钱。君若好登临，城南有秋山。君若爱游荡，城东有春园。君若欲一醉，时出赴宾筵。洛中多君子，可以恣欢言。君若欲高卧，但自深掩关。亦无车马客，造次到门前。人生处一世，其道难两全。贱即苦冻馁，贵则多忧患。唯此中隐士，致身吉且安。穷通与丰约，正在四者间。

——《中隐》

白居易这首诗，把中隐的好处说得很透彻。他以为中隐是一方必安之地，因为隐匿于分司东都洛阳的闲官，既脱离了政治旋涡的风险，又有丰厚的俸禄可以保障衣食无忧。处于这种位置，不劳心力，自由自在，自己想做什么就做什么，优哉游哉，可以随性适意地享受生活的闲情逸致。这样，他自以为在得志与失意、富贵与贫贱之间找到了一个平衡点，解决了处世“难两全”的问题，致身于一个吉利平安的避风港。

有的学者认为：“白之中隐思想起步于玄学之吏隐，而终止于洪州禅之平常心是道”（贾晋华《唐代集会总集与诗人群研究》，第125页），是接受了道家和佛教思想的影响，从思想源流上观察，虽有其一定的道理，但从当时现实处境考察，白居易的中隐思想，主要还是根源于他对官场风波的心有余悸。他曾对元稹说过：“况在名利途，平生有风波。深心藏陷阱，巧言织网罗。举目非不见，不醉欲如何？”（《劝酒寄元九》）他看透了官场争权夺利的斗争：“人间所重者，相印将军钺。谋虑系安危，威权主生杀。焦心一身苦，炙手旁人热。未必方寸间，得如吾快活。”（《偶作二首》之一）因此他想远离政治旋涡，躲避朝堂纷争之祸患，求得一个平静无虞的安身之所，过几天闲适快乐的生活。

“中隐之道就是白居易在纷繁复杂的政治斗争中的全身之策，他在依附王权与保持个性独立之间找到了这一个平衡的支点，主动脱离了险恶的政治环境，逍遥自在地优游洛下。”（胡秀春著《唐代叙事诗研究》第124页）他的这种全身之策，追求安吉与自适，显然也是他后期所持的知足保和、明哲保身处世哲学的一种表现。

不过，白居易在追求“自适”的同时，也希望天下人“各得适其性”（《移家入新宅》），一切人都能依照自己本性来生活。他甚至希望“动植飞沉皆遂性”，“千介万鳞同日活”（《昆明春水满》），世上万物都能平安地共存共生。正因为他还有这种仁爱情怀，所以他“在闲适的生活中，并没有忘怀一切，在放浪形骸的背后，还在关切着社会现实”（王拾遗著《白居易传》第254页）。

不种一垅田，仓中有余粟。不采一枝桑，箱中有余服。官闲离忧责，身泰无羁束。中人百户税，宾客一年禄。樽中不乏酒，篱下仍多菊。是物皆有余，非心无所欲。吟君未贫作，因歌知足曲。自问此时心，不足何时足？

——《知足吟和崔十八〈未贫作〉》

白居易向来以“知足”自戒自律，他认为“忘荣知足委天和”（《吟四虽》），知足可以远离忧患，才能和乐自适。因此，他身居闲职而享受衣食富足的生活时，就感到受之有愧，想到这样的生活来之不易：如今自己一年的俸禄，要耗费百户中等人家的赋税。

他饮酒吟诗的时候，浮想联翩，也想到了农夫、商人、征夫的痛苦。

莫作农夫去，君应见自愁。迎春犁瘦地，趁晚喂羸牛。数被官加税，稀逢岁有秋。不如来饮酒，相伴醉悠悠。

莫作商人去，恓惶君未谙。雪霜行塞北，风水宿江南。藏镪百千万，沉舟十二三。不如来饮酒，仰面醉酣酣。

莫事长征去，辛勤难具论。何曾画麟阁，只是老辕门。虮虱衣中物，刀枪面上痕。不如来饮酒，合眼醉昏昏。

——《劝酒十四首》（节录）

诗人没有忘怀现实，他体察各方劳苦大众的辛勤劳作，同情他们的种种疾苦与不幸遭遇，却又无力回天，看不到改变现实的希望，无奈之下只有劝他们“不如来饮酒”，叫大家一起借酒浇愁，聊以度日。

大和四年（830）十二月，白居易奉诏任河南尹。以东都洛阳为中心的河南府，其行政地位仅次于包括长安在内的京兆府。河南尹是河南府的首长。白居易以花甲之年出任河南尹，沉睡的“兼济之志”再一次苏醒，他认真投入本职工作，上班早出晚归：“退衙归逼夜，拜表出侵晨。”（《晚归早出》）他亲自出城视察庄稼：“不忧头似雪，但喜稼如云。”（《与诸公同出城观稼》）他心里惦念农家辛苦，体察百姓饥寒。

水波文袄造新成，绫软绵匀温复轻。晨兴好拥向阳坐，晚出宜披踏雪行。鹤氅毳疏无实事，木绵花冷得虚名。宴安往往欢侵夜，卧稳昏昏睡到明。百姓多寒无可救，一身独暖亦何情？心中为念农桑苦，耳里如闻饥冻声。争得大裘长万丈，与君都盖洛阳城。

——《新制绫袄成感而有咏》

诗人新做了一件绫袄，十分温暖舒适。于是他想到百姓多寒尚无可救之策，一身独暖又有何用？“心中为念农桑苦，耳里如闻讥冻声”，让他焦虑不安，心想如何才能得到一件万丈大裘袍，能覆盖整个洛阳城，让所有百姓不受饥冻之苦。此时白居易作为河南府的首长，不再是一般表达个人的美好愿望，而是在思考自己工作应该努力达到的目标。诗人每到一地主政，总是雄心勃发，希图践行兼济天下之夙志，解除百姓饥寒之困境。

诗人经过几年的工作，洛阳城乡的社会状况确实得到了改善。

我为司州牧，内愧无才术。忝擢恩已多，遭逢幸非一。偶当谷贱岁，适值民安日。郡县狱空虚，乡闾盗奔逸。

——《六年春赠分司东都诸公》（节录）

到大和六年（832），洛阳呈现出谷贱民安的太平景象，犯罪的少了，偷盗的也不见了。白居易很谦虚，说不是他有才术，而是运气好碰到了好年成。其实，哪里有无为而得治的好事？

这期间，也有两件令白居易悲痛欲绝的事。

一件是崔儿的夭折。

掌珠一颗儿三岁，鬓雪千茎父六旬。岂料汝先为异物，常忧吾不见成人。悲肠自断非因剑，啼眼加昏不是尘。怀抱又空天默默，依前重作邓攸身。

——《哭崔儿》

白居易老年得子，视为掌上明珠，意想不到崔儿竟三岁而卒，令他悲肠寸断，痛不欲生。他大声哭号：我常常担心自己见不到你长大成人，谁能料想到你竟然先成了异物！我一切希望都化成泡影，天道无知，使我同邓攸一样无儿无嗣！

另一件是元稹的去世。

八月凉风吹白幕，寝门廊下哭微之。妻孥朋友来相吊，唯道皇天无所知。

文章卓荦生无敌，风骨英灵殁有神。哭送咸阳北原上，可能随例作灰尘？

——《哭微之二首》

今生岂有相逢日，未死应无暂忘时。从此三篇收泪后，终身无复更吟诗。

——《哭微之》

白居易与元稹是战友也是诗友。两人“生死契阔者三十载，歌诗唱和者九百章”（《祭微之文》），交谊深长。大和五年（831）七月二十三日，元稹在武昌暴病而卒，八月灵柩运回洛阳，白居易亲至履信坊元宅吊唁，写下这三首诗。诗高度评价元稹的文学成就和为人风骨，倾诉了自己失去亲密诗友的悲痛欲绝之情。

白居易为元稹写了墓志铭，其家属送来六七十万钱物，作为“谢文之贽”，他辞而不纳，往返再三，不得已只好收下。他随即将这笔钱捐给香山寺，把破旧的香山寺修建一新。“于是龛像无燥湿陊泐之危，寺僧有经行宴坐之安。游者得息肩，观者得寓目。阙塞之气色，龙潭之景象，香山之泉石，石楼之风月，与往来者耳目一时而新。”（《修香山寺记》）这样既造福于僧人，也造福于游客。

> 空门寂静老夫闲，伴鸟随云往复还。家酝满瓶书满架，半移生计入香山。
>
> ——《香山寺二绝》其一

白居易自称香山居士，常来往并住宿于香山寺，在这里他一方面与孤云野鹤往还，得禅寂之趣，一方面可以饮酒读书，亦不废士人之乐。

到大和七年（833）春天，白居易的河南尹任期将满，他就考虑要让贤了。

> 潦倒守三川，因循涉四年。推诚废钩距，示耻用蒲鞭。以此称公事，将何销俸钱？虽非好官职，岁久亦妨贤。
>
> ——《七年春题府厅》

他觉得自己职守河南府四年来，为政处事宽厚仁惠：问狱审囚，采用调查手段探取实情，不用严刑拷打，只求让人知耻悔过。像他这样的做法，上司一定不会满意，怎么能凭这个来支领俸禄呢？因此他想还是及时退位，不要再妨碍贤路。

四月初，白居易罢河南尹，再授太子宾客、分司东都。他又过起了游山玩水的清闲生活。

秋天，他与两位朋友同游龙门，醉酒狂歌，抒发了平生志愿与晚年的打算：

> 暂停杯觞辍吟咏，我有狂言君试听。丈夫一生有二志，兼济独善难得并。不能救疗生民病，即须先濯尘土缨。况吾头白眼已暗，终日戚促何所成？不如展眉开口笑，龙门醉卧香山行。
>
> ——《秋日与张宾客舒著作同游龙门醉中狂歌凡二百三十八字》（节录）

白居易终身奉行儒家“穷则独善其身，达则兼济天下”的信条。

他在江州写的《与元九书》中坦率地陈述了自己的处世哲学："古人云：穷则独善其身，达则兼济天下。仆虽不肖，常师此语。大丈夫所守者道，所待者时，时之来也，为云龙，为风鹏，勃然突然，陈力以出。时之不来也，为雾豹，为冥鸿，寂兮寥兮，奉身而退。进退出处，何往而不自得哉?"怀抱济世之志，他入朝做近臣时，的确奋不顾身拼搏过；他在地方为官时，也尽力为民生办了好事。如今退居闲职，已经头白眼花，在救济苍生方面他感到无可作为了，就打算悠然放浪于山水之间了。在晚年悠闲的生活中，他更加热衷于学道、参禅。老子五千言的《道德经》成了他调理心态的指导书。他自号香山居士，常与僧人交游，在家坐禅、斋戒、看经，想在佛门中寻求解脱。"每日斋戒断荤腥，渐觉尘劳染爱轻。"（《斋戒》）"尘劳"指来自身心之劳的烦恼，隐含对"尘网"困扰的厌烦。"他认为道家的思想和佛家的生活可以帮助他摆脱朝市名利的困扰和束缚，使他的身心除去嚣尘的沾染而得到自由和平纾。"（褚斌杰《白居易评传》110页）

不过白居易学道、参佛以后，并没有完全逍遥于物外，老庄思想、佛教宗旨与他原有的仁爱情怀、济世之志逐渐融合，他又产生了拯救一切众生的弘愿："一切众生有如我老者，如我病者，愿皆离苦得乐。"（《画西方帧记》）他虽然年老体衰，能力有限，但在心里总惦念着贫苦的苍生。

> 惨澹岁云暮，穷阴动经旬。霜风裂人面，冰雪摧车轮。而我当是时，独不知苦辛。晨炊廪有米，夕爨厨有薪。夹帽长覆耳，重裘宽裹身。加之一杯酒，煦妪如阳春。洛城士与庶，比屋多饥贫。何处炉有火，谁家甑无尘？如我饱暖者，百人无一人。安得不惭愧，放歌聊自陈。
>
> ——《岁暮》

这一年的冬天洛阳天气特别寒冷。年尾的时候，动不动就连阴十多天，风霜裂面，冰雪满地。这时候白居易衣食饱暖，没有遭受饥寒之苦。他却想到洛阳城里的寒士与贫民，家家户户在啼饥号寒，炉中无火，甑中无粮。如他饱暖者，百无一人。自己与他们对比起来，感到于心不安，十分惭愧。此时他身无职责，而依然心念苍生。对于饥寒民众这种发自肺腑的惦念与同情，可以说是他济世之志的绕梁余音。

大和九年（835）九月，诏授白居易同州刺史，他借口有病，辞不赴任。

> 同州慵不去，此意复谁知？诚爱俸钱厚，其如身力衰？可怜病判案，何似醉吟诗？劳逸悬相远，行藏决不疑。徒烦人劝谏，只合自寻思。白发来无限，青山去有期。野心唯怕闹，家口莫愁饥。卖却新昌宅，聊充送老资。
>
> ——《诏授同州刺史病不赴任因咏所怀》

白居易接到诏命后，考虑再三，最后决定，宁愿卖掉长安新昌坊的房子养老送终，也不去就任同州刺史。他在诗开头说："同州慵不去，此意复谁知？"可见他真实的想法并没有在诗中明言。他在同时写的《看嵩洛有叹》一诗："今日看嵩洛，回头叹世间。荣华急如水，忧患大于山。见苦方知乐，经忙始爱闲。未闻笼里鸟，飞出肯飞还。"倒是透露了他不愿再出山的真实想法。

十月，改授太子少傅分司东都。

十一月二十一日，长安朝中发生了甘露事变：先是宰相李训与郑注等朝官同谋诛杀宦官，诈言金吾左仗院石榴树有甘露降祥，请文宗前往观看，借此诱引宦官随往，准备以伏兵尽诛宦官。后被宦官仇士良等察觉，向皇上告变，进行反扑，命神策军任意杀掠，在场的宰相李训等全部被杀，不在现场的宰相王涯、贾悚、舒元舆等亦被杀，而且株连许多朝官从吏以及城市居民，死伤约有六七百人，满城横尸，流血涂地。这场朝廷内部的斗争，以强势的宦官集团得胜而告终。

甘露事变的消息传到洛阳，白居易不胜震惊，立即写下《九年十一月二十一日感事而作（其日独游香山寺）》一诗。

祸福茫茫不可期，大都早退似先知。当君白首同归日，是我青山独往时。顾索素琴应不暇，忆牵黄犬定难追。麒麟作脯龙为醢，何似泥中曳尾龟。

随后，他又写了《咏史九年十一月作》。

秦磨利刀斩李斯，齐烧沸鼎烹郦其，可怜黄绮入商洛，闲卧白云歌紫芝。彼为俎醢机上尽，此作鸾凰天外飞。去者逍遥来者死，乃知祸福非天为。

在这两首诗中，诗人一方面对四位宰相被杀害表示同情，把他们惨遭杀戮比作麒麟被制成肉脯，龙被做成肉酱，并以秦二世杀李斯、齐王烹郦食其为喻，为被害者鸣不平，表明他对时事的关切。另一方面，他又庆幸自己及早退出了政治旋涡，避免了祸患，如泥中曳尾之龟，得以保全，如天外飞翔的鸾凰，得以自由。这种全身远害的思想，显现其独善其身思想的消极层面，不能不说是明哲保身处世哲学对于诗人的局限。

开成三年（838），白居易写了托名自传《醉吟先生传》。

醉吟先生者，忘其姓字、乡里、官爵，忽忽不知吾为谁也。宦游三十载，将老，退居洛下。所居有池五六亩，竹数千竿，乔木数十株，台榭舟桥，具体而微，先生安焉。家虽贫，不至寒馁；年虽老，未及耄。性嗜酒，耽琴，淫诗。凡酒徒、琴侣、诗客，多与之游。游之外，栖心释氏，通学小中大乘法。与嵩山僧如满为空门友，平泉客韦楚为山水友，彭城刘梦得为诗友，安定皇甫朗之为酒友。每一相见，欣然忘归。洛城内外六七十里间，凡观寺丘墅有泉石花竹者，靡不游。人家有美酒鸣琴者，靡不过。有图书歌舞者，靡不观。自居守洛川洎布衣家，以宴游召者，亦时时往。每良辰美景，或雪朝月夕，好事者相过，必为之先拂酒罍，次开诗箧。酒既酣，乃自援琴，操宫声，弄《秋思》一遍。若兴发，命家僮调法部丝竹，合奏《霓裳羽衣》一曲。若欢甚，又命小妓歌《杨柳枝》新词十数章。放情自娱，酩酊而后已。往往乘兴，屦及邻，杖于乡，骑游都邑，肩舁适野。舁中置一琴一枕，陶、谢诗数卷。舁竿左右，悬双酒壶。寻水望山，率情便去。抱琴引酌，兴尽而返。如此者凡十年。其间日赋诗约千余首，日酿酒约数百斛，而十年前后赋酿者不与焉。

妻孥弟侄虑其过也，或讥之不应，至于再三，乃曰："凡人之性鲜得中，必有所偏好。吾非中者也，设不幸吾好利而货殖焉，以至于多藏润屋，贾祸危身，奈吾何？设不幸吾好博弈，一掷数万，倾财破产，以至于妻子冻饿，奈吾何？设不幸吾好药，损衣削食，炼铅烧汞，以至于无所成，有所误，奈吾何？今吾幸不好彼，而自适于杯觞讽咏之间，放则放矣，庸何伤乎？不犹愈于好彼三者乎？此刘伯伦所以闻妇言而不听，王无功所以游醉乡而不还也。"

遂率子弟入酒房，环酿瓮，箕踞仰面，长吁太息曰："吾生天地间，才与行不逮古人远矣。而富于黔娄，寿于颜回，饱于伯夷，乐于荣启期，健于卫叔宝，幸甚幸甚，余何求哉？若舍吾所好，何以送老？"因自吟《咏怀》诗云："抱琴荣启乐，纵酒刘伶达。放眼看青山，任头生白发。不知天地内，更得几年活。从此到终身，尽为闲日月。"吟罢自哂，揭瓮拨醅，又引数杯，兀然而醉。既而醉复醒，醒复吟，吟复饮，饮复醉。醉吟相仍，若循环然。由是得以梦身世，云富贵，幕席天地，瞬息百年，陶陶然，昏昏然，不知老之将至。古所谓得全于酒者，故自号为醉吟先生。于时开成三年，先生之齿六十有七，须尽白，发半秃，齿双缺，而觞咏之兴犹未衰。顾谓妻子云：“今之前吾适矣。今之后吾不自知其兴何如。”

这篇托名自传，是白居易晚年闲居洛阳生活的自我写照，从中既可以看到他知足常乐旷达处世的人生态度，也可以看到他诗酒自娱以求解脱的心路历程。

文章首段记叙醉吟先生宦游三十年之后退居洛下的生活环境和兴趣爱好，以洋洋自得的口吻详细陈述自己以诗、酒、琴为中心的交游和娱乐活动，突出任性而为、放情自娱的无比乐趣。

文意第二段，回答家人的担心和规劝，为自己偏好诗酒辩护。认为自己纵情诗酒而自适，比经商者招致祸害，博弈者倾财破产，炼丹者一事无成，都要好得多，决意不听劝告，游醉乡而不还。

文章第三段，着力抒写自己尽醉长吟，醉吟相仍以度余生的得意状态，认为自己幕天席地，纵意所如，以人生为梦幻，视富贵如浮云，昏昏然不知老之将至，全得益于酒，故自号为醉吟先生。为此他感到自足自适。

白居易的这篇托名自传，在一定程度上确实反映了他晚年退居洛下悠闲自得生活状态和精神状态，但从其思想深处看，未必不包含借酒发泄平生忧愤、沉醉以求自我解脱的意味。他给元稹的一诗中就曾透露过饮酒的用意。

薤叶有朝露，槿枝无宿花。君今亦如此，促促生有涯。既不逐禅僧，林下学楞伽。又不随道士，山中炼丹砂。百年夜分半，一岁春无多。何不饮美酒，胡然自悲嗟？俗号消忧药，神速无以加。一杯驱世虑，两杯反天和。三杯即酩酊，或笑任狂歌。陶陶复兀兀，吾孰知其他。况在名利途，平生有风波。深心藏陷阱，巧言织网罗。举目非不见，不醉欲如何？

——《劝酒寄元九》

“从这首诗即可以看出，诗人饮酒乃是一种对‘人生无常’‘世途险恶’的感慨，是一种无可奈何中的自我安慰和解脱。”（褚斌杰《白居易评传》，第111页）他把酒看成一种消忧药，面对“深心藏陷阱，巧言织罗网”的现实社会，感到仕途风险难于应对，又不肯随波逐流，同流合污，只有退居避风港，借酒浇愁，沉迷醉乡，以求得精神上的解脱和自适。诗人自号醉吟先生，看起来十分狂放潇洒，实际上在自鸣得意的雅号里含有自我调侃的意味，在昏昏然沉醉度日的雅趣中含有仕途往事不堪回首的辛酸。

白居易并不是利己主义者，他晚年的为人处世还是有仁人爱物的情怀，拯救众生的心愿。

形适外无恙，心恬内无忧。夜来新沐浴，肌发舒且柔。宽裁夹乌帽，厚絮长白裘。裘温裹我足，帽暖覆我头。先进酒一盃，次举粥一瓯。半酣半饱时，四体春悠悠。是月岁阴暮，惨冽天地愁。白日冷无光，黄河冻不流。何处征戍行，何人羁旅游？穷途绝粮客，寒狱无灯囚。劳生彼何苦，遂性我何优。抚心但自愧，孰知其所由？

——《新沐浴》

开成三年（838）岁暮，正是天寒地冻的严冬时节，白居易沐浴之后，穿暖吃饱，四体感到温暖如春，他又联想到劳苦大众：前线征戍的士卒，路途奔波的游客，绝粮挨饿的人家，身处黑牢的囚徒，此时此刻，他们该多么艰苦！与他们对比起来，他感到自愧。他不明白“劳生彼何苦，遂性我何优”这种不平等现象的产生究竟是什么缘由。

诗人看仆人在竹林里剪除竹子，也会产生怜才惜物之心。他吩咐仆人："小者截鱼竿，大者编茅屋。勿作彗与箕，而令粪土辱。"（《洗竹》）他的意思是：不仅要物尽其材，而且还应用得其所，不要随便糟蹋好材料。

开成四年（839），刘禹锡为太子宾客分司东都，来到洛阳，成为白居易晚年过从甚密的诗友。

杜康能散闷，萱草解忘忧。借问萱逢杜，何如白见刘？老衰胜少夭，闲乐笑忙愁。试问同年内，何人得白刘！

——《酬梦得比萱草见赠》

刘禹锡来篇云："唯君比萱草，相见可忘忧。"白居易回赠此诗，说两人相见，胜过能散闷的美酒、解忘忧的萱草。可见两人晚年情投意合的交谊。

前日君家饮，昨日王家宴。今日过我庐，三日三会面。当歌聊自放，对酒交相劝。为我尽一杯，与君发三愿。一愿世清平，二愿身强健。三愿临老头，数与君相见。

——《赠梦得》

两位古稀老人来往频繁，几乎天天相聚。而在欢乐相聚的时刻，两人不仅举杯相劝，尽兴而饮，而且总是诗情勃发，相互唱和赠答。从白居易所发的三愿看，他并没有忘怀世事，国家的安定统一，总是他的最大心愿。

这一年十月，白居易患了风痹之疾，主要症状是头晕目眩，左足不支，不能行走。但他能够乐观对待疾病。

风疾侵凌临老头，血凝筋滞不调柔。甘从此后支离卧，赖是承前烂漫游。回思往事纷如梦，转觉余生杳若浮。浩气自能充静室，惊飚何必荡虚舟？腹空先进松花酒，膝冷重装桂布裘。若问乐天忧病否，乐天知命了无忧。

——《枕上作》

日昏思寝即安眠，足软妨行便坐禅。身作医王心是药，不劳和扁到门前。

——《病中五绝》其四

白居易这两首诗抒写自己病中心态，频发豪言壮语，了无忧愁叹苦之意。从中可见他能够正确对待疾病，保持乐观精神，同时又能根据病情，进行自我调理。正由于他有良好心态和适当调理，加上药物、针灸的治疗，病情也就渐渐好转，到岁暮的时候，偶尔可以自己行动。更为可喜的是，他在生病期间照样写诗，新作不断，浩然之气犹存。

开成五年（840）冬，白居易以疾请百日长假。至次年春，百日长假满，停太子少傅官。

会昌二年（842），白居易以刑部尚书致仕，给半额的俸禄。时年七十一岁。

达哉达哉白乐天，分司东都十三年。七旬才满冠已挂，半禄未及车先悬。或伴游客春行乐，或随山僧夜坐禅。二年忘却问家事，门庭多草厨少烟。庖童朝告盐米尽，侍婢暮诉衣裳穿。妻孥不悦甥侄闷，而我醉卧方陶然。起来与尔画生计，薄产处置有后先。先卖南坊十亩园，次卖东郭五顷田。然后兼卖所居宅，仿佛获缗二三千。半与你充衣食费，半与吾供酒肉钱。吾今已年七十一，眼昏须白头风眩。但恐此钱用不尽，即先朝露归夜泉。未归且住亦不恶，饥餐乐饮安稳眠。死生无可无不可，达哉达哉白乐天。

——《达哉乐天行》

诗人叙写自己致仕后的生活，对人生世事持一种旷达乐观的态度。他认为致仕后就要快快乐乐享受生活，不必老是为柴米油盐之类的生活琐事操心，自己的家产也足供养家糊口。对于生死也不必看得太重，那是无可无不可的事。真是一个“达哉达哉白乐天”！

“此诗感发记事，写退休后的生活与心态，既写养生之道，也写养生之法，充满了达观欢娱的乐观。白居易似乎如释重负，精神上得到了彻底解放，出现在我们面前的是一位知足常乐的健康老人形象，忧虑烦恼全消，尘俗杂念俱无，清心寡欲，怡然于世。诗到最后概括吟道：‘未归且住亦不恶，饥餐乐饮安稳眠。死生无可无不可，达哉达哉白乐天。’诗人超越了生死得失，获得了‘无可无不可’的精神自由。”（王志清撰《白居易诗选》第231页）

这一年，有一件令白居易伤心的事，那就是刘禹锡去世。刘禹锡是继元稹之后的又一位最亲密的诗友，《刘白唱和集》已经出了好几卷。他的去世，令白居易异常悲痛：

> 四海齐名白与刘，百年交分两绸缪。同贫同病退闲日，一死一生临老头。杯酒英雄君与操，曹公曰：天下英雄，唯使君与操耳。文章微婉我知丘。仲尼云：后世知丘者《春秋》。又云：《春秋》之旨微而婉也。贤豪虽殁精灵在，应共微之地下游。
>
> 今日哭君吾道孤，寝门泪满白髭须。不知箭折弓何用，兼恐唇亡齿亦枯。窅窅穷泉埋宝玉，骎骎落景挂桑榆。夜台暮齿期非远，但问前头相见无？
>
> ——《哭刘尚书梦得二首》

白居易哭悼刘禹锡的这两首诗，第一首侧重写两人的晚年交谊和对朋友人品、文才的评价。刘白齐名，同贫同病，生死与共，叙说两人情谊之深厚。把刘禹锡与曹刘、孔丘比并，赞扬其事业和文章的成就，可谓推崇至极。诗人最后以揣测的口气认定刘禹锡虽然离世，但英灵还在，应该是和元稹一起在另一世界漫游，表达了对两位亡友的思念。第二首主要抒写自己痛失挚友的悲伤。言刘禹锡去世使自己孤独无依，有唇亡齿枯之感。预期自己也将不久于人世，希望到地下与友人相会。其泪满白须之状，悲痛欲绝之情，无不催人泪下。

白居易“一生诗友，前期为元稹，后期为刘禹锡，而于禹锡诗简练沉着之倾倒赞服，尤过于元稹”（朱金城《白居易研究》第220页）。

会昌四年（844），白居易尽施家财，开龙门八节石滩，以利舟楫通行，为过往舟子解除了痛苦。他因作《开龙门八节石滩诗二首并序》，刻题石上。

东都龙门潭之南有八节滩、九峭石，船筏过此，例反破伤。舟人楫师，推挽束缚，大寒之月，裸跣水中，饥冻有声，闻于终夜。予尝有愿，力及则救之。会昌四年，有悲智僧道遇适同发心，经营开凿，贫者出力，仁者施财。呜呼！从古有碍之险，未来无穷之苦，忽乎一旦尽除去之。兹吾所用适愿快心、拔苦施乐者耳，岂独以功德福报为意哉？因作二诗，刻题石上。以其地属寺，事因僧，故多引僧言见志。

铁凿金锤殷若雷，八滩九石剑棱摧。竹篙桂楫飞如箭，百筏千艘鱼贯来。振锡导师凭众力，挥金退傅施家财。他时相逐西方去，莫虑尘沙路不开。

七十三翁旦暮身，暂开险路作通津。夜舟过此无倾覆，朝胫从今免苦辛。十里叱滩变河汉，八寒阴狱变阳春。八寒地狱，见《佛名》及《涅槃经》，故以八节滩为比。我身虽殁心长在，暗施慈悲与后人。

诗序写开凿龙门八节滩的缘由。白居易晚年常常住在香山寺，游览龙门胜景。他看到伊河龙门潭以南有八节滩、九峭石，船筏路过这里，经常被撞翻碰破。船工前拉后推、连捆带绑地进行抢救，大寒之月，裸体光脚泡在水中，饥寒叫喊之声，整夜都不停息。他见到这种情景，就产生尽力解决这个问题的愿望。到会昌四年（844），有悲智僧人道遇，正好亦有这种想法，于是决定启动开凿险滩工程。贫者出力，仁者施财，在众人努力之下，清除了有碍之险石，终于开通了八节滩。

两首诗，叙写兴师动众开凿八节滩，清除了利似剑刃的礁石，众多行船得以畅通无阻，使险境变为通途，让船工摆脱厄运。作者表达了自己得偿所愿、为民造福的愉快心情。

诗中说“挥金退傅施家财”，退傅，就是退休的太子少傅，指白居易自己。他为开凿龙门八节滩，自输家财，在年迈之时为解除民生疾苦倾自家所有，也可谓是他济世之志的绕梁余音。他曾称赞别人：“从容济世后，余力及黔黎。”（《和李相公留守题漕上新桥六韵》）这两句话，可以说是夫子自道，他自己完全做到了。有职有权时，他尽其职能济世拯民，无职无权时，他尽己余力救助黎民。这种为解民忧而竭尽所能、不遗余力的精神，彰显了诗人卓然特立的风采。

自八节滩开通之后，白居易心情格外欢喜。他觉得这是自己晚年最为得意的一件事情了。

得老加年诚可喜，当春对酒亦宜欢。心中别有欢喜事，开得龙门八节滩。

——《欢喜二偈》

延年益寿本是老年人最大的愿望。诗人却说：开得龙门八节滩，完成造福百姓的心愿，比自己得老加年还值得高兴。诗人这一段独白，更显示出一种助人为乐其乐无比的崇高精神境界。

白居易晚年身居香山，口称“此心除自谋身外，更问其余尽不知”（《自问此心呈诸老伴》），其实他仍在关注国家大事，作于会昌五年（845）的赞美石雄破回纥、平潞州的诗，即是明证。

塞北虏郊随手破，山东贼垒掉鞭收。乌孙公主归秦地，白马将军入潞州。剑拔青鳞蛇尾活，弦抨赤羽火星流。须知鸟目犹难漏，尚书将入潞府，偶逢水鸟鹭鸶，引弓射之，一发中目，三军踊跃，其事上闻，诏下美之。纵有天狼岂足忧。画角三声刁斗晓，清商一部管弦秋。他时麟阁图勋业，更合何人居上头？

——《河阳石尚书破回鹘迎贵主过上党射鹭鸶绘画为图猥蒙见示称叹不足以诗美之》

石雄，会昌四年（844）以检校兵部尚书任河阳节度使。前一年从刘沔讨伐回纥，迎唐太和公主归朝。本年又平定潞州昭义刘镇叛乱。他将入潞州府时，偶遇水鸟鹭鸶，引弓射之，一发中目。有人将他射鹭鸶事绘成图画。白居易看了，以为图画不足以反映石雄的业绩，于是写了这首赞美诗。此诗热情赞颂石雄讨伐回纥迎回太和公主，捣毁贼垒平定潞州叛乱的英雄业绩，认为他的勋业可以登上麒麟阁的画廊。“须知鸟目犹难漏，纵有天狼岂足忧”，诗人关注的不是一箭射中鸟目的传奇故事，而是石雄为国家射天狼的杰出功勋，从中可以看出垂暮之年的诗人对于国家统一与安定的关切。此诗感情充沛，笔力雄健，表明此时诗人在创作上仍有着相当的生机活力。

会昌六年（846）八月，白居易病逝于洛阳履道里第，享年七十五岁。十一月，按白居易生前遗嘱，遗体安葬于香山如满师塔之侧。

唐宣宗时，追封白居易为尚书右仆射，宣宗并亲自写诗吊唁。

缀玉连珠六十年，谁教冥路作诗仙。浮云不系名居易，造化无为字乐天。童子解吟长恨曲，胡儿能唱琵琶篇。文章已满行人耳，一度思卿一怆然。

——《吊白居易》

唐宣宗的诗，高度评价白居易的文学成就及其巨大影响，表达了对白居易逝世的惋惜之情。在那个时代，一位皇帝为一位诗人写悼诗，该是何等的荣耀。这首悼诗，是白居易诗震朝野、誉满乾坤的一个见证。

白居易一生始终坚守“致君致人（民）”的人生理想，奉行“达则兼济天下，穷则独善其身”的人生信条。得意之时，兼济之志高扬，他为实现人生理想而左右开弓，奋力拼搏，几乎奋不顾身。失意之时，独善之心抬头，他在吏隐生活中求必安之地，自身丰衣足食，仍然没有忘怀劳苦大众，一直怀有拯救之心。在他身上，兼济与独善往往并存，难以割裂。忧国忧民，兼济天下；清正廉洁，独善其身，两者这样的结合，才是白居易本质完美的呈现。他一生从不参与争权夺利的朋党之争，从不奴颜婢膝依附权贵，坚守清正廉洁做官为人。他胸怀君国之思，积极为治国安邦出谋划策，始终关切国家的安定与统一。他心系天下苍生，大力为民请命，尽力为民造福，所到之处惠民政绩累累，直到年迈之时仍念念不忘民生疾苦，乃至为解民忧而倾其所有。最为难能可贵的是，他不仅在口头上高唱“安得万里裘，盖裹周四垠，稳暖皆如我，天下无寒人”的理想之歌，而且无论何时何地总是竭尽所能把这种美好理想付之于嘉惠民生的现实行动。金无足赤，人无完人。白居易在人生后期确实有不少消极思想，存在乐天顺命、明哲保身、吟玩性情之类的问题，创作上也有不少颓唐俚俗、了无新意的作品。但纵览其一生的诗文，瑕不掩瑜，仁爱思想光辉常在，家国情怀始终不渝，他仍不失为一位胸怀天下、忧国忧民的诗人。

白居易一生以写诗为业，以写诗为乐，六十年的创作历程，写下三千多首诗歌，留传至今的尚有两千八百多首，是唐代创作时间最长、留存诗歌最多的一位诗人。在这些诗歌里，时代的风云变幻，神州的山川景物，都留下生动的剪影，诗人的理想追求、仁爱心怀、人生轨迹，以至日常生活情趣，更有全景式的展现。在诗歌创作上，他是一个多面手，讽喻时政，叙写故事，抒情咏怀，模山范水，均为一把好手，出手挥洒自如，雅俗兼善，异彩纷呈，其名篇佳作流传千古，远播海外，他不愧为一位名垂青史、名扬四海的大诗人。

宋代史学家宋祁这样评价白居易一生的行为品质："观居易始以直道奋，在天子前，争安危，冀以立功，虽中被斥，晚节不衰。当宗闵时，权势震赫，终不附丽为进取计，完节自高。而稹中道徼险得宰相，名望漼然。呜呼，居易其贤哉!"（《新唐书》卷一一九《白居易传赞》）这是正史对白居易一生为人的公正评价。白居易早年做谏官时，为国家安危而直言敢谏，奋不顾身，希望建功立业。被贬官之后，他口称要独善其身，其实并未独善其身，济世拯民之志并未泯灭。无论是在忠州、杭州、苏州等地做刺史，还是后期做刑部侍郎、河南尹之类的高官，他都尽心尽责，竭力为民谋福利，政绩斐然。他从不为个人升官晋爵而依附权贵，参与宗派朋党之争，也从不营私舞弊，在官场生涯中始终洁身自好。他的确做到了"晚节不衰"，"完节自高"，不愧是一位贤哲之士。

清代著名诗歌评论家沈德潜这样评论白居易的基本精神及其表现特点："乐天忠君爱国，遇事托讽，与少陵相同。特以平易近人，变少陵之沉郁浑厚，不袭其貌，而得其神也。"（《唐诗别裁》卷三）说白居易诗与杜甫诗的忠君爱国精神是相同的，只是诗歌风格变得更为平易近人。这是从唐诗发展视野对白居易诗歌的一个公正鉴定。白居易无论就其作品反映现实的深广度、达到时代思想的制高点而言，还是就其作品多方面开拓创新、达到诗歌艺术的高度，及其产生影响的广远而言，他都不愧为继李白、杜甫之后又一位成就卓著的大诗人。他与李白、杜甫并称为唐诗三大家，是众望所归，恰如其分。

十二、异彩纷呈献诗艺

“白居易的人生经历和思想信仰都呈现为多面性的特征，作为一个诗人，他对中国诗歌发展的贡献也是多方面的。”（谢思炜选注《白居易诗选·前言》）在诗歌创作上，他是一位多才多艺的能人，讽喻诗、叙事诗、山水诗、抒情诗、寓言诗、曲子词，样样擅长，各显神通，都取得非同凡响的成就，为我国诗歌发展做出了诸多方面的贡献。他懂得“诗者，根情，苗言，华声，实义”，“感人心者莫先乎情，莫始乎言，莫切乎声，莫深乎义”（《与元九书》）。因而他的诗作不仅有情思丰满的内涵，而且有多姿多彩的表现，在诗歌艺术上呈现出异彩纷呈的特色。

白居易首先以写作讽喻诗，倡导新乐府闻名于世。这类诗歌的代表作品是《秦中吟》和《新乐府》五十首。这两组指陈时政弊端、反映社会问题的诗，在当时就震惊朝野，后世也视为新乐府写作的典范。

白居易写作讽喻诗，有着明确的指导思想和写作规则。

> 贞元、元和之际，予在长安，闻见之间，有足悲者，因直歌其事，命为《秦中吟》。
>
> ——《秦中吟序》

序曰：凡九千二百五十二言，断为五十篇。篇无定句，句无定字，系于意，不系于文。首句标其目，卒章显其志，《诗三百》之义也。其辞质而径，欲见之者易谕也；其言直而切，欲闻之者深诫也；其事核而实，使采之者传信也；其体顺而肆，可以播于乐章歌曲也。总而言之，为君、为臣、为民、为物、为事而作，不为文而作也。元和四年为左拾遗时作。

——《新乐府序》

这两篇序文，是白居易写作讽喻诗的宣言。他明确宣布他的诗不为文而作，而是“为君、为臣、为民、为物、为事而作”。他的意思是，诗歌写作要干预现实，服务政治，有利于家国民生。这个思想，他在其他诗文中有过具体的阐发。他认为要改变“上不以诗补察时政，下不以歌泄导人情”的情况，诗歌要担负起“救济人病，裨补时阙”的政治使命，发挥“唯歌生民病，愿得天子知”的讽谏作用，借以推进朝政改革，实施仁政，嘉惠民生。根据这个目的，他为自己讽喻诗的写作规定了若干准则：文辞要质朴而直白，让读者容易领会；语言要率直而激切，让闻者深受告诫；事实要真实准确，使传者感觉可以相信；文字要流畅协韵，以便谱写歌曲广为流传。根据这些标准，白居易确实写出了许多干预现实、便于流传的好诗，形成了自己平易浅切、自然流畅的风格。

《重赋》是《秦中吟十首》之一：

厚地植桑麻，所要济生民。生民理布帛，所求活一身。身外充征赋，上以奉君亲。国家定两税，本意在忧人。厥初防其淫，明敕内外臣。税外加一物，皆以枉法论。奈何岁月久，贪吏得因循。浚我以求宠，敛索无冬春。织绢未成匹，缫丝未盈斤。里胥迫我纳，不许暂逡巡。岁暮天地闭，阴风生破村。夜深烟火尽，霰雪白纷纷。幼者形不蔽，老者体无温。悲端与寒气，并入鼻中辛。昨日输残税，因窥官库门。缯帛如山积，丝絮似云屯。号为羡余物，随月献至尊。夺我身上暖，买尔眼前恩。进入琼林库，岁久化为尘。

这首诗，揭露了两税法实行的弊端。两税法是中唐实行的征税办法，代替初唐时期的租（粮）庸（役）调（绢）法，规定一年只在夏、秋两季向农民征收赋税，废除其他杂税。可是许多地方官吏在实施两税法过程中，仍然不分春夏秋冬，向农民收取各种苛捐杂税，除中饱私囊之外，还以“羡余物”（赋税的盈余）的名义向皇帝进奉，以求恩宠。白居易这首诗以议论税法开篇，说两税法的设立本在规范税制，减轻农民负担，而在实施中贪吏作怪，弊端百出，反而加重了农民负担，弄得民不聊生。作者让农民出面，以切身的遭遇，倾诉连绵不断的急征暴敛使他们衣不蔽体，啼饥号寒，痛苦万分。写得情真意切，富有感染力。更为出奇制胜的是，写这位农民在交税时看到国库中堆积如山的缯帛丝絮，发出了愤怒的控诉与谴责：“夺我身上的温暖，买你眼前的恩宠！丝绢送进皇家内库，终久都会化为灰尘。”作者以发自农民肺腑的呐喊，把为民请命的主旨发挥得淋漓尽致，顿时提升了作品的震撼力。

《新丰折臂翁》是《新乐府》五十首之一：

新丰老翁八十八，头鬓眉须皆似雪。玄孙扶向店前行，左臂凭肩右臂折。问翁臂折来几年，兼问致折何因缘。翁云贯属新丰县，正逢圣代无征战。惯听梨园歌管声，不识旗枪与弓箭。无何天宝大征兵，户有三丁点一丁。点得驱将何处去？五月万里云南行。闻道云南有泸水，椒花落时瘴烟起。大军徒涉水如汤，未过十人二三死。村南村北哭声哀，儿别爷娘夫别妻。皆云前后征蛮者，千万人行无一回。是时翁年二十四，兵部牒中有名字。夜深不敢使人知，偷将大石捶折臂。张弓簸旗俱不堪，从兹始免征云南。骨碎筋伤非不苦，且图拣退归乡土。此臂折来六十年，一肢虽废一身全。至今风雨阴寒夜，直到天明痛不眠。痛不眠，终不悔，且喜老身今独在。不然当时泸水头，身死魂飞骨不收。应作云南望乡鬼，万人冢上哭呦呦。老人言，君听取。君不闻开元宰相宋开府，不赏边攻防黩武。又不闻天宝宰相杨国忠，欲求恩幸立边功。边功未立生人怨，请问新丰折臂翁。

这首诗作者的题下注云："戒边功也。"意思是反对穷兵黩武发动开边战争的。唐代这方面的诗作比较多，这首诗显著的特点是选材独特，别具匠心。"反对黩武战争的作品一般多以其直接参加者——出征士兵为描写对象。这首诗却特意选取新丰折臂翁这样一个逃避战争的人物作为对象。从表面上看，似乎不如写征人的痛苦和牺牲更为直接。但由于这位老翁的独特经历与印记——折臂，与这场黩武战争有着特殊的联系，因此他的经历与命运反而更为深刻地反映了黩武战争的反人民、反人道的本质。"（刘学锴撰《唐诗选注评鉴》八，第213页）整首诗都围绕"折臂"这个中心展开。首先通过老翁的自叙，讲清楚手臂致残的因缘，交待了时代背景，说明"万里云南行"的那一场战争，"千万人行无一回"的可怕后果，为"捶折臂"的行动提供现实的和心理的依据，使这样一个难以令人置信的行动取得人们的同情。自"此臂折来六十年"以后，作者以浓墨重彩抒写老翁致残后复杂的心理活动。"一肢虽废一身全"，"且喜老身今独在"，老翁把折臂后长期的痛苦看成不幸中的幸事，这种反常的心态深刻地揭示出穷兵黩武给百姓带来的灾难远远胜过折臂残废。诗的最后，诗人直接出面，发表议论，通过开元宰相宋璟与天宝宰相杨国忠的对比，挑明反对黩武战争的主题，是作者常用的"卒章言其志"手法。作品的精彩之处在于体察入微的人物心理描写，成功地渲染了主人翁的悲剧命运。

白居易写作讽喻诗，贯彻“辞质而径”“言直而切”的主张，在语言上追求老妪能解，平易近人。宋代彭乘《墨客挥犀》卷三记载了一个传说：

> 白乐天每作诗，令一老妪听之，问曰“解否?”曰“解”，乃录之；不解，则又复易之。

白居易这种让老妪能解的写作追求和反复锤炼修改的写作态度，造就了他炉火纯青的诗歌语言。他的讽喻诗，语言通俗易懂，明白晓畅，常常如话家常，随口而出，却又耐人寻味。如《买花》：

> 帝城春欲暮，喧喧车马度。共道牡丹时，相随买花去。贵贱无常价，酬直看花数。灼灼百朵红，戋戋五束素。上张幄幕庇，旁织笆篱护。水洒复泥封，移来色如故。家家习为俗，人人迷不悟。有一田舍翁，偶来买花处。低头独长叹，此叹无人谕。一丛深色花，十户中人赋。

这首诗叙写京城贵族为买花驱车走马，喧闹非凡，为移花挥金如土，视花如珍宝。全诗全用家常口语，所写情景却生动如画。结尾写一个田舍翁偶来买花处，低头长叹：“一丛深色花，十户中人赋。”这一出人意表的奇笔，不仅揭露了当时社会的贫富悬殊，还包含有富人的奢侈是建立在剥削穷人的基础上的意思，其思想相当深刻，却仍然以家常口语出之，毫无刻意雕琢之处。

白居易的讽喻诗，在平易中自有明确的主题，发人深省的思想，在自然中亦有艺术的构思，出奇制胜的表现，因而具有美刺现实、震惊人心的力量。在中唐时代写作新乐府的诗人群体中，白居易的写作指导思想最为明确，作品成就也最为出色。

白居易还是写作叙事诗的高手。他的《长恨歌》和《琵琶引》，当时就妇孺皆知，广泛流传，后人把它们称之为古代文人叙事诗的双璧。

原先我国古代的叙事诗，一般重叙述故事、描写人物，而不大注重抒情。白居易的《长恨歌》中，情况大为改变，抒情成分大大增加，叙事与抒情结合在一起，声情并茂地歌咏一个爱情悲剧故事，令人一唱三叹。此诗的前半部分叙写唐明皇沉迷声色，酿成安史之乱，导致马嵬事变，已经呈现这种特色。诗的后半部分叙写唐明皇与杨贵妃的亡魂相互思念的故事，其中的抒情更加精彩动人，抒情已经成为演绎故事、描写人物极其重要的手段。

黄埃散漫风萧索，云栈萦纡登剑阁。峨眉山下少行人，旌旗无光日色薄。蜀江水碧蜀山青，圣主朝朝暮暮情。行宫见月伤心色，夜雨闻铃断肠声。天旋地转回龙驭，到此踌躇不能去。马嵬坡下泥土中，不见玉颜空死处。君臣相顾尽沾衣，东望都门信马归。归来池苑皆依旧，太液芙蓉未央柳。芙蓉如面柳如眉，对此如何不泪垂？春风桃李花开夜，秋雨梧桐叶落时。两宫南苑多秋草，落叶满阶红不扫。梨园弟子白发新，椒房阿监青蛾老。夕殿萤飞思悄然，孤灯挑尽未成眠。迟迟钟鼓初长夜，耿耿星河欲曙天。鸳鸯瓦冷霜华重，翡翠衾寒谁与共？悠悠生死别经年，魂魄不曾来入梦。临邛道士鸿都客，能以精诚致魂魄。为感君王辗转思，遂教方士殷勤觅。排空驭气奔如电，升天入地求之遍。上穷碧落下黄泉，两处茫茫皆不见。忽闻海上有仙山，山在虚无缥缈间。楼阁玲珑五云起，其中绰约多仙子。中有一人字太真，雪肤花貌参差是。金阙西厢叩玉扃，转教小玉报双成。闻道汉家天子使，九华帐里梦魂惊。揽衣推枕起徘徊，珠箔银屏迤逦开。云鬓半偏新睡觉，花冠不整下堂来。风吹仙袂飘飘举，犹似霓裳羽衣舞。玉容寂寞泪阑干，梨花一枝春带雨。含情凝睇谢君王，一别音容两眇茫。昭阳殿里恩爱绝，蓬莱宫中日月长。回头下望人寰处，不见长安见尘雾。唯将旧物表深情，钿合金钗寄将去。钗留一股合一扇，钗擘黄金合分钿。但令心似金钿坚，天上人间会相见。临别殷勤重寄词，词中有誓两心知。七月七日长生殿，夜半无人私语时。在天愿作比翼鸟，在地愿为连理枝。天长地久有时尽，此恨绵绵无绝期。

马嵬事变之后，唐明皇继续奔蜀。他在入蜀途中和在蜀中行宫的经历及其心境，都是用触景生情的手法来表现的："蜀江水碧蜀山青，圣主朝朝暮暮情。行宫见月伤心色，夜雨闻铃断肠声。"这样的诗句，真切地抒写了唐明皇思念杨贵妃的悲伤凄寂的心情，也在字里行间交待了过栈道、住行宫的情节。唐明皇返回长安之后，触景念旧，见物怀人，作者用情景交融的手法，抒写他对杨贵妃日日夜夜的刻骨思念和苦苦寻觅。从春到秋，年复一年，这种情思有增无减，渴望重聚的意愿与日俱增。在现实生活中找不到，就希望在梦中一见。在梦中也找不到，又期望上天下地到仙境中去寻找。于是诗人循着他的思路，借助想象的彩翼别开境界，构建了一个虚拟性的情节，在一个动人的仙境之中，让杨贵妃以"玉容寂寞泪阑干，梨花一枝春带雨"的形象在仙境中再现。诗人用富有抒情色彩的语言，写杨贵妃殷勤迎接汉家使者，满怀深情地托物寄辞，重申当年长生殿"在天愿作比翼鸟，在地愿为连理枝"的信誓，表达对唐明皇生死不渝的眷恋。这样，就有力提升了杨贵妃的形象，使她从一个帝王宠妃一跃而成为真挚爱情的化身，她与唐明皇的爱情悲剧也就有了一个令人同情的结局。

"在叙事的同时，《长恨歌》始终保持诗的特质，具有浓厚的抒情性。它的韵文形式内流动着一股反复歌咏的情绪，'不是在讲说一个故事，而是在歌唱着一个故事'（何其芳）。便使得长诗易记易唱，感染力特强。”（周啸天主编《唐诗鉴赏辞典》第1166页）《长恨歌》所写的唐明皇与杨贵妃的爱情悲剧故事，从杨妃的入宫、承宠，明皇的欢爱、沉迷，到惊变、思念，再到寻觅、致词，在情节的叙述中始终带有浓厚的抒情色彩，注重在不同情境下人物内心感情的抒写，并在明畅的行文中有着可歌可泣之情韵，才使这首叙事诗具有动人心弦的魅力，从而产生广泛流传的效应，以至于在当时就出现“童子解吟长恨曲”（唐宣宗《吊白居易》）的普及局面。

《琵琶引》同样是叙事与抒情相互结合歌咏人物故事的，而又有自己的特点，它是一种叙事、抒情双轨并联型结构，具有叙事诗与抒情诗的双重品格。这首诗叙写两个人物，一个是身世凄凉的琵琶女，一个天涯沦落的江州司马（即诗人自己）。诗人自己的形象，主要运用抒情独白的方式呈现，通过倾听琵琶的反应和感想，倾诉自己贬谪边地、沦落天涯之恨，而在抒情过程中也反映出人物的遭际。琵琶女的形象，主要通过琵琶乐声的变化和人生经历的诉说，诗中叙述她盛衰变化、转徙江湖的命运，而在叙述过程中也渗透着浓郁的抒情色彩，具有扣人心弦的力量。“全诗在结构上平行设置了情与事双轨，主体感情从由己及人到由人及己，故事发展从由眼前及以往到由已往及眼前，纵向推进。”（胡秀春著《唐代叙事诗研究》第33页）

浔阳江头夜送客，枫叶荻花秋瑟瑟。主人下马客在船，举酒欲饮无管弦。醉不成欢惨将别，别时茫茫江浸月。忽闻水上琵琶声，主人忘归客不发。寻声暗问弹者谁，琵琶声停欲语迟。移船相近邀相见，添酒回灯重开宴。千呼万唤始出来，犹抱琵琶半遮面。转轴拨弦三两声，未成曲调先有情。弦弦掩抑声声思，似诉平生不得意。低眉信手续续弹，说尽心中无限事。轻拢慢捻抹复挑，初为霓裳后绿腰。大弦嘈嘈如急雨，小弦切切如私语。嘈嘈切切错杂弹，大珠小珠落玉盘。间关莺语花底滑，幽咽泉流水下滩。冰泉冷涩弦凝绝，凝绝不通声暂歇。别有幽情暗恨生，此时无声胜有声。银瓶乍破水浆迸，铁骑突出刀枪鸣。曲终收拨当心画，四弦一声如裂帛。东船西舫悄无言，唯见江心秋月白。沉吟放拨插弦中，整顿衣裳起敛容。自言本是京城女，家在虾蟆陵下住。十三学得琵琶成，名属教坊第一部。曲罢曾教善才伏，妆成每被秋娘妒。五陵年少争缠头，一曲红绡不知数。钿头云篦击节碎，血色罗裙翻酒污。今年欢笑复明年，秋月春风等闲度。弟走从军阿姨死，暮去朝来颜色故。门前冷落鞍马稀，老大嫁作商人妇。商人重利轻别离，前月浮梁买茶去。去来江口守空船，绕船月明江水寒。夜深忽梦少年事，梦啼妆泪红阑干。我闻琵琶已叹息，又闻此语重唧唧。同是天涯沦落人，相逢何必曾相识。

这一大段叙写琵琶女的故事。诗从诗人送客、寻声起笔，先勾画出一个秋风萧瑟的凄清环境，为琵琶女的出场做好铺垫。琵琶女“千呼万唤始出来，犹抱琵琶半遮面”，可见她不愿见人，心里似有难言之痛。接着描写琵琶女弹奏乐曲的具体情景，写得有声有色，有景有情，抑扬顿挫，曲折自如，以变化多端的音乐形象展现其起伏回荡的心潮，再用“似诉平生不得意”“说尽心中无限事”等诗句，点明她借乐曲所抒发的人生感慨，为下面诉说过往身世做好音乐性的渲染。琵琶女诉说自己的身世遭遇，从当年京城一个色艺双绝的大红人，年长色衰，如今变成独守空船的商人妇：“去来江口守空船，绕船月明江水寒。夜深忽梦少年事，梦啼妆泪红阑干。”其人生浮沉的际遇，引起诗人同病相怜之情，发出了“同是天涯沦落人，相逢何必曾相识”的感叹。“这一段的一个显著特点是在叙事中渗透一种带有浓郁感情色彩的诗美。它使得这首叙事诗兼有叙

事与抒情的双重品格。”（刘学锴撰《唐诗选注评鉴》八，第 269 页）

《琵琶行》整首诗，采取主体抒情式的叙事形式，即事抒情，以情挟事，咏物寄意，叙事与抒情水乳交融，抒写诗人的天涯沦落之情。前人早已指出：“白乐天《琵琶行》一篇，读者但羡其风致，敬其词章，至形于乐府，咏歌之不足，遂以为真为长安故倡所作。……乐天之意，直欲摅写天涯沦落之恨耳。”（洪迈《容斋五笔》卷五）“此宦游不遂，因琵琶以托兴也。言当清秋明月之夜，闻琵琶哀怨之声，听商妇自叙之苦，以动我逐臣久客之怀，宜其泣下沾襟也。《连昌》纪事，《琵琶》叙情，《长恨》讽刺，并长篇之胜。”（唐汝询《唐诗解》卷二〇）“满腔迁谪之感，借商妇以发之，有同病相怜之意焉。比兴相纬，寄托遥深，其意微以显，其音哀以思，其辞丽以则。”（《唐宋诗醇》卷二二）三家评论都认为，《琵琶行》的主旨是要表达作为抒情主体的诗人的情怀，而不是哀叹长安故娼琵琶女的命运。

吴乔曰：“《连昌》《长恨》《琵琶行》前人之法变尽矣。”（《围炉诗话》卷二）黄周星曰：“乐天诗如《长恨歌》《琵琶行》，皆所谓老妪解颐者。然无一字不深入人情，而且刺心透髓。”（《唐诗快》）白居易突破传统叙事诗囿于叙事的局限，创作出融叙事与抒情于一体、能够深入人情的动人诗篇，为我国文人叙事诗的发展做出了不可磨灭的贡献。

白居易是描写音乐的高手。他在《琵琶引》中，有着出色的音乐描写。他善于运用生动贴切的比喻，将难以形容的音乐化为可感的视觉、听觉、触觉形象。如“大弦嘈嘈如急雨，小弦切切如私语。嘈嘈切切错杂弹，大珠小珠落玉盘”就是用急雨、私语、珠落玉盘之类的比喻，把音乐化为视觉形象和听觉形象，令人眼花缭乱，耳不暇接。他还善于通过对比映照来传达音乐旋律的跌宕变化，借声写情，以声律的抑扬顿挫表现演奏者内心丰富复杂、波澜起伏的感情。从“大弦嘈嘈”“小弦切切”的急切响亮，到“间关莺语花底滑，幽咽泉流水下滩”，声调骤变，由“冰泉冷涩弦凝绝，凝绝不通声暂歇”的悲抑哽塞，进入“此时无声胜有声”的休止状态。停顿之后再突然爆发“银瓶乍破水浆迸，铁骑突出刀枪鸣”，进入高潮，随即收拨一画，戛然而止。这样通过音乐旋律的高低、重轻、缓急、断续的交替变换，渲染声调意境的起伏变化，来表现演奏者心潮的波澜起伏，情思的跌宕变化，顿挫有致，声情并茂，乐曲也就有了惊心动魄、回肠荡气的魅力。聆听者也就会受到触动与感染，心绪随之起伏，情不自禁地为之感叹歔欷。

《夜筝》一诗的音乐描写，则别具一种含蓄隽永的风味。

紫袖红弦明月中，自弹自感暗低容。弦凝指咽声停处，别有深情一万重。

这首绝句写一位女子夜晚弹筝。前两句描写弹筝女子的姿容和表情，宛如画出。她全神贯注，自弹自感，暗自低容，看来心中有无限辛酸事。后两句“弦凝指咽声停处，别有深情一万重”，只写她弹筝停顿无声的顷刻，却令人感受到“别有深情一万重”。正是《琵琶引》中所云“别有幽情暗恨生，此时无声胜有声”的意思。而此绝句之妙，在于通过乐手的表情和动作暗示其所演奏乐曲的深沉内涵，含不尽之意于言外。

白居易写了大量的山水诗，也有自己的特色。“在唐代白居易可以算得上写山水诗最多的诗人了，青少年时代在南北流徙时就写过山水诗，中年之后贬官江州，后又在三个州当刺史，在任职地和往返途中及晚年定居洛阳都写过不少，粗略统计不下400首。”（汤华泉注评《白居易诗选》前言）

在山水诗中，白居易为庐山、长江、淮河、洞庭湖、太湖等山河湖海，留下了许多诗情画意的记录。

淮水东南阔，无风渡亦难。孤烟生乍直，远树望多圆。春浪棹声急，夕阳帆影残。清流宜映月，今夜重吟看。

——《渡淮》

这首诗描写诗人渡淮河时看到的美妙景象。在汴河与淮河的交汇之地，水面宽阔，诗人感到“无风渡亦难”。他举目远望，只见孤烟直上云天，远树恰似圆球。水面上春浪与棹声相应，夕阳与帆影争辉。诗勾画出一幅空阔苍茫的暮江图景，给人们留下了难得的淮河剪影。

一道残阳铺水中，半江瑟瑟半江红。可怜九月初三夜，露似真珠月似弓。

——《暮江吟》

这是一幅长江晚景的写生。傍晚时落日的余晖斜照在江面上，江水一半碧绿一半被染得通红。入夜之后又呈现出另一番景象，诗人赞叹道：最惹人怜爱的是这个九月初三的夜晚，草间的露水晶莹如珍珠，天上的新月高悬似弯弓。“写景奇丽，是一幅着色秋江图。”（《唐守诗醇》卷二四）

在白居易众多山水诗中，山水景观题咏诗影响更大。“所谓山水景观题咏诗是山水诗中的一个类别，它是以某一个特定景区或景点为描写对象，从特定视角进行写作，而区别于一般的山水风景诗和行旅诗。山水景观题咏诗自谢灵运起就有创作，唐代作品量渐多，但具体到某个诗人量还不太大，而且往往与怀古、咏怀、记事相杂，纯粹的景观描写、欣赏之作不多，而只有到了白居易手里才大放异彩。白居易这样的题咏诗有 70 首左右，主要是写于杭州、苏州、洛阳三地，而又以杭州、苏州为多。”（汤华泉注评《白居易

诗选》前言）

余杭形胜四方无，州傍青山县枕湖。绕郭荷花三十里，拂城松树一千株。梦儿亭古传名谢，教妓楼新道姓苏。州西灵隐山上有梦谢亭，即是杜明浦梦谢灵运之所，因名客儿也。苏小小，本钱塘妓人也。独有使君年太老，风光不称白髭须。

——《余杭形胜》

这首诗题咏杭州形胜。诗的开篇概言杭州城三面青山一面湖的形胜，四方皆无。而后，具体描写湖山景观：西子湖三十里荷花，万松岭千万株松树，美不胜收。接着，写两个人物的遗迹：梦谢亭和教妓楼，也是一方特色。诗的结尾，诗人以己之衰老反衬杭州的风光之美，别有一种情趣。

天平山上白云泉，云自无心水自闲。何必奔冲山下去，更添波浪向人间。

——《白云泉》

这首诗写苏州白云泉。白云泉在苏州城南天平山上，泉水很清澈，传为吴中第一泉。白居易就其名字立意寄兴，依自己观感为山泉定格写照：白云泉在高山上与白云为伴，多么悠闲自在，何必奔下山去制造波浪混迹人间呢？诗人巧妙勾画出高山泉水的特色，并借以寄托自己高尚情志，不同流俗的志趣。

晴阳晚照湿烟销，五凤楼高天泬寥。野绿全经朝雨洗，林红半被暮云烧。龙门翠黛眉相对，伊水黄金线一条。自入秋来风景好，就中最好是今朝。

——《五凤楼晚望》

这首诗写洛阳景观。秋日雨后黄昏时分，诗人登上五凤楼览胜，所见洛阳山川景色清丽如画：野绿全经朝雨清洗，林红似为暮云所烧。龙门如美人眉黛相对，伊水似黄金长线一条。面对如此江山美景，诗人不禁为之叫好：“自入秋来风景好，就中最好是今朝。”

白居易的山水景观题咏诗，大都能很好地反映景区景点的特征，形象鲜明，词句精美，音律和谐，其中不少精彩的景观名句，为人们世代传诵。这些开风气之先的景观题咏诗，对后代影响很大，后世的州郡诗中这类作品连绵不绝，这不能不说是白居易对诗歌发展史和文化史的一大贡献。

白居易的抒情诗数量更大，他的闲适诗、感伤诗和杂律诗中，大多是抒情诗。这些诗有一些是抒写家国情怀、民生关切的作品，更多的是抒写友情、亲情和日常生活情趣的作品。在这一类诗中，在在都有诗意隽永的佳作。

半朽临风树，多情立马人。开元一株柳，长庆二年春。

——《勤政楼西老柳》

这首诗，通过一株百年老柳，抒写对家国盛衰的感慨。勤政楼始建于开元八年（720），楼西柳树，正是当年盛世的历史见证，而到长庆二年（822），它经历了百年风雨，已经成为半朽的老树。白居易驻马望树，思绪万千，即兴写下这首诗。“诗人面对勤政殿西这株经历了百年历史风雨的半朽衰柳，心系唐王朝百年由盛而衰的国运，处在‘长庆二年春’这个历史关节点上，其心中的无限今昔盛衰之概，无力回天之感，统统在‘开元一株柳，长庆二年春’这仿佛不加任何评说的叙述中包括了。其艺术概括之深广，感慨之深沉，表情之含蓄都达到了极致。”（刘学锴撰《唐诗选注评鉴》八，第304页）

邯郸驿里逢冬至，抱膝灯前影伴身。想得家中夜深坐，还应说着远行人。

——《邯郸冬至夜思家》

白居易这首思家诗写于早年漫游河北的时候。诗人来到邯郸，适逢冬至。在唐代，冬至是一个祭天、祭祖，合家、合族团聚的日子。在冬至之夜，诗人一人独处客馆，在孤灯前形影相伴，抱膝长坐。在这个时刻，他自然会想到千里之外家人团聚的温馨和热闹。“想得家中夜深坐，还应说着远行人”两句，不言诗人思念家人，而言家人如何思念诗人、谈论诗人这个远行人，借以在孤独、凄寒中感受几分亲人的温暖。这种由己及人又由人及己的曲折反复，使这首表面上极平易朴直的诗，在平直中见曲折含蓄，朴素中见真挚深厚。

永寿寺中语，新昌坊北分。归来数行泪，悲事不悲君。悠悠蓝田路，自去无消息。计君食宿程，已过商山北。昨夜云四散，千里同月色。晓来梦见君，应是君相忆。梦中握君手，问君意何如。君言苦相忆，无人可寄书。觉来未及说，叩门声冬冬。言是商州使，送君书一封。枕上忽惊起，颠倒着衣裳。开缄见手札，一纸十三行。上论迁谪心，下说离别肠。心肠都未尽，不暇叙炎凉。云作此书夜，夜宿商州东。独对孤灯坐，阳城山馆中。夜深作书毕，山月向西斜。月下何所有，一树紫桐花。桐花半落时，复道正相思。殷勤书背后，兼寄桐花诗。桐花诗八韵，思绪一何深。以我今朝意，忆君此夜心。一章三遍读，一句十回吟。珍重八十字，字字化为金。

——《初与元九别后忽梦见之及寤而书适至兼寄桐花诗怅然感怀因以此寄》

这是白居易抒写与元稹友情的诗。元和五年（810），元稹因抨击权臣兼触犯宦官，由监察御史贬为江陵士曹参军。元稹离京时，白居易与他邂逅于街道上，匆匆话别。诗从街上惜别叙起，别后因挂念而夜来入梦，又记梦中相见，两人握手晤谈。梦醒恰好收到元镇寄来的书信和桐花诗，惊喜异常。然后写开缄展读书信，急切了解友人近况，反复吟诵友人寄来的诗篇，视同珍宝，字字化金。诗人叙写对友人的思念之情，娓娓道来，如话家常，而情景毕现，显得极为真切。《唐宋诗醇》评曰：“一意百折，往复缠绵，极平极曲，愈浅愈深，觉两人觌面对语，无此亲切也。杜甫于李白，居易于元微之，皆友谊中最笃者，故两集中赠答诗，真挚乃尔。”潘德舆《养一斋诗话》对此诗亦作高度评价：“香山与元九诗极多，‘永寿寺中语’一首，如作家书，如对客面语，变汉、魏之面貌，而得其神理，实不可以‘浅易’目之者。与《寒食野望吟》，皆白诗之绝调也。乐府以外，此为称首矣。”

“对日常生活中的诗美的注意和发现，是中唐诗歌新变的一个重要标志。”（刘学锴撰《唐诗选注评鉴》八，第209页）白居易有大量抒写日常生活情趣的诗，涉及日常生活的方方面面，内容包括饮食起居、家庭伦理、人事活动、趣尚雅好等等。他善于从平凡生活中发现诗美，大大开拓了诗歌的表现领域，也丰富了诗歌的表现功能。一些日常生活细节，诗人信手拈来，略加点染，就能写出充满生活情趣，富有诗情画意的作品。

一个人在家饮酒，想找一个酒伴，随手就写一首招饮诗。

绿蚁新醅酒，红泥小火炉。晚来天欲雪，能饮一杯无？

——《问刘十九》

这首招饮诗，写得令人心醉神往。诗人倒出家酿的新酒，点燃暖酒的火炉，招呼友人来家拥炉共饮，度此寒夜，急切盼望之情，却以一句轻松随意的问语来传达，情景宛然，显得格外亲切而风趣。俞陛云评说此诗曰：“寻常之事，人人意中所有而笔不能达者，得生花江管写之，便成绝唱，此等诗是也。即以字面而论，当天寒欲雪之时，家酿新熟，炉火生温，招素心人清谈小饮，此境正复佳

绝。末句之‘无’字，妙作问语，千载下如闻声口也。”（《诗镜浅说》续编）

在自己官舍庭院里凿一个小池，诗人挥笔题诗一首。

帘下开小池，盈盈水方积。中底铺白沙，四隅甃青石。勿言不深广，但取幽人适。泛滟微雨朝，泓澄明月夕。岂无大江水，波浪连天白？未如床席前，方丈深盈尺。清浅可狎弄，昏烦聊漱涤。最爱晓暝时，一片秋天碧。

——《官舍内新凿小池》

这首诗借一汪池水，写出了庭院休闲生活的情趣。诗人任江州司马期间，闲职无事，命人在官舍庭院里凿一方小池，白沙铺底，青石砌边，盈盈积水，清澈可鉴。他经常徘徊池畔，或戏弄，或漱涤，感到乐趣无穷。“小池不仅是诗人实在的建筑物，它的乐趣也是诗人想象建构的产物。”（宇文所安《中国中世纪的“终结”：中唐文学文化论集》，第 77 页）这一方清浅池水，在诗人的心目中，比那波浪连天的大江大河还要美好，还要可亲，因为它在窗帘下与他朝夕相伴，他可以从中看到大千世界的日辉月影、朝雨夕风，也可以和它随心所欲地戏闹玩耍。一池碧水给他的日常生活带来了无穷的乐趣。因而，他的吟咏诗作也就能够以小见大，写得富有生活气息，又不乏诗情画意。

节日的民风习俗，即使是扫墓之类的事情，在诗人笔下也顿觉情味盎然。

丘墟郭门外，寒食谁家哭？风吹旷野纸钱飞，古墓累累春草绿。棠梨花映白杨树，尽是死生离别处。冥冥重泉哭不闻，萧萧暮雨人归去。

——《寒食野望吟》

这是一首写寒食节扫墓习俗的诗。唐代的寒食节，是一个踏青春游的节日，又是一个祭扫坟墓的节日。这一天，诗人信步出郭踏青，闻见野外是一片寒食扫墓的情景：郭门外的那片坟茔丘墟，不时传来阵阵哭声。广阔旷野上，风吹纸钱漫天飞舞；累累古墓旁，春草芊芊一片绿意。棠梨花旁，白杨树下，到处都是死生离别的哭诉。无奈阴阳相隔，坟前生者的哭吊之声，九泉下的死者根本无法听到。在萧萧的暮雨中，祭扫者只有黯然踏上归途。

“这是一篇短篇七古，写‘寒食野望’，全从所见祭扫坟墓节俗着眼，所写的虽是生离死别、阴阳相隔的悲哀，但却将情与景的相反相成的关系处理得相当成功，令人在感受到这种悲哀的同时仍然领略到诗歌意境、韵调的美感。”（刘学锴撰《唐诗选注评鉴》八，第 255 页）全诗情景相反相成，交融一体，构成凄清哀冷的意境，抒发生死相隔的悲哀。旷野坟地在萋萋春草的映衬下愈显其空寂荒凉，梨花如雪，白杨萧萧，又触发人们心里的哀思愁绪，自然而然地引出了“尽是死生离别处”的深长哀叹。末句“萧萧暮雨人归去”，以景结情，又给人留下悠然不尽的余韵。作者竟把一首扫墓诗，写得如此韵味十足，富有悲剧美感。

白居易晚年，年老体弱，生活安闲无事，连睡觉、吃饭之类也能写出诗情画意。

凉冷三秋夜，安闲一老翁。卧迟灯灭后，睡美雨声中。灰宿温瓶火，香添暖被笼。晓晴寒未起，霜叶满阶红。

——《秋雨夜眠》

这首诗抒写诗人秋雨夜眠的安闲舒适的情怀。老人晚上睡得很迟，入睡后雨声中睡得很甜美。一觉醒来，烘瓶里的炭火经夜已经化为灰烬，老人却还要“香添暖被笼”，打算继续躺一会儿。深秋的早晨天气晴朗却寒冷，老人还是不想起床，可是夜来经过一场风雨，门外已经“霜叶满阶红”了。作品抒写老人清静淡泊的心态，生动逼真，亲切感人，淡泊之中也有情趣。

“白居易这些写日常生活的诗都是很生活化的，不少写得很诙谐，很有情趣，博得许多人的赞赏，在诗歌发展史上对后世产生了巨大的影响，也可以说从白居易开始古代诗歌创作加速了向生活化、写实化方向发展的步伐，宋代的许多大诗人比如苏轼、陆游都有大量的描写日常生活的作品，显然他们是白居易的继踵者。”（汤华泉注评《白居易诗选》前言）

白居易晚年还写过一些寓言诗。《山中五绝句》《池上寓兴二绝》《池鹤八绝句》《禽虫十二章》都是属于这类作品。这些诗以草木虫鱼鸟兽等物为题材，寓指各种各样的社会现象，曲折地表达自己的旨意，有讽世刺时的，有自警自省的，均为有感而发。这些诗都能体察“物情”寄寓己意，语言精练含蓄，别具一种风味。

岭上白云朝未散，田中青麦旱将枯。自生自灭成何事，能逐东风作雨无？

——《岭上云》

这首诗以云兴作雨而救旱为喻，寄托兼济天下的用世之志，又以云聚岭上不作雨去救旱苗为喻，慨叹自己始终处在闲散之位而不能有所作为，是一个壮志未酬之士的自省。

千年鼠化白蝙蝠，黑洞深藏避网罗。远害全身诚得计，一生幽暗又如何？

——《洞中蝙蝠》

鼠为了全身远害，费时千年化成蝙蝠，深藏于黑洞之中，蝙蝠这样做诚为万不得已，一身处于幽暗之中是何等滋味？这是诗人对明哲保身处世哲学的反思。

兽中刀枪多怒吼，鸟遭罗弋尽哀鸣。羔羊口在缘何事，暗死屠门无一声？

——《禽虫十二章》第六

兽被刀枪砍中多会怒吼，鸟被捕获亦会哀鸣，而羔羊被杀却是一声不吭。诗似乎是为甘露事变中被杀害的朝臣过于软弱而感到悲哀。

蟭螟杀敌蚊巢上，蛮触交争蜗角中。应似诸天观下界，一微尘内斗英雄。

——《禽虫十二章》第七

此诗以小虫与蛮触相争的寓言故事，说明人与人之间的争权夺利是可笑的，用佛教大宇宙观念来照看，就像在一粒微尘里争高下一样。诗似有感于朋党之争而作，讽喻这种争斗是毫无意义的小人之争。

白居易的这些寓言诗寓意深刻而富有现实针对性，说明他在晚年安闲的生活中有着并不安闲的思考。

在寓言诗并不多见的唐诗中，白居易的这些寓言诗可谓是一束带刺的奇葩。

白居易还是中唐时期较早进行词的创作的诗人。他在忠州任职时就学习当地民歌，写过《竹枝词四首》，后来先后写了《浪淘沙词六首》《忆江南词三首》《杨柳枝词八首》《长相思二首》等曲子词，体现他在体裁上的创新意识。其词作格调清新，别有风味，流传很广。

江南好，风景旧曾谙。日出江花红胜火，春来江水绿如蓝。能不忆江南？

忆江南，最忆是杭州。山寺月中寻桂子，郡亭枕上看潮头。何日更重游？

江南忆，其次忆吴宫。吴酒一杯春竹叶，吴娃双舞醉芙蓉。早晚复相逢。

——《忆江南词三首》

诗人多次到过江南，特别是在杭州、苏州任职期间，江南风光给他留下了美好的印象。这三首词，抒写了他对江南风光的难忘记忆和深情厚爱。第一首，总忆江南风光，着笔于大江景色，那如火如荼的春花，那澄碧温莹的春水，怎能不令人向往？第二首，忆杭州风光，集中回忆在天竺寺、灵隐寺赏月寻桂和在郡亭观看钱塘大潮，令他难以忘怀，兴起何日重游的念头。第三首，忆苏州往事，难忘馆娃宫游赏，那竹叶美酒和佳人歌舞，都曾经令他陶醉，不知何日能再相逢？词写得感情真切，语言婉丽动人，有一股令人一唱三叹的魅力。

借问江潮与海水，何似君心与妾心？相恨不如潮有信，相思始觉海非深。

——《浪淘沙词六首》其四

这是一首思妇词，抒写对久出不归爱人的相思，爱恨交加，一往情深，具有清新的民歌风味。

“白居易的诗歌创作……就它的质量来说，是历来诗人最能反映现实、兴讽时事的一个；就它的形式来说，也无疑是历代诗人中最多采的一个。”（苏仲翔著《白居易传论》第 37 页）在它多彩的形式中，又基本保持着统一的艺术风格，那就是：浅切通俗而不乏诗情画意，平易自然而不失清新素雅，宛如“梨花一枝春带雨”。清人叶燮曾经指出：“白（居易）俚俗处而雅亦在其中，终非庸近可拟。”（《原诗》外篇）当然也不用讳言，他亦有某些作品存在过于浅白详尽而不够含蓄，缺乏韵味的缺点，因而受到后人的批评。

白居易“是唐代第一流作家中的诗文全才”（谢思炜校注《白居易文集校注》前言）。诗词之外，他的散文也有很高的成就。他的奏议、《策林》《百道判》被当时人视为典范之作，他的《为人上宰相书》《与元九书》也堪称古文佳作，《与元九书》还是中国文学批评史上的重要文献。白居易的古文自呈特色，是古文家中的别派。“白氏生与韩愈并世，同作古文，但一如其作诗，是以‘浅切’为宗，不以‘古奥’为尚，他的所长，正是韩愈所短。”（王汝弼选注《白居易选集》前言）从文学角度看，他的一些记、传体文章，如《江州司马厅壁记》《草堂记》《冷泉亭记》《三游洞序》《醉吟先生传》《池上篇》《不能忘情吟》等，都是一些旨趣隽永、文采斐然的抒情佳作，可以与其诗词相媲美。

东南山水，余杭郡为最。就郡言，灵隐寺为尤。由寺观，冷泉亭为甲。亭在山下水中央，寺西南隅。高不倍寻，广不累丈，而撮奇得要，地搜胜概，物无遁形。春之日，吾爱其草薰薰，木欣欣，可以导和纳粹，畅人血气；夏之夜，吾爱其泉渟渟，风泠泠，可以蠲烦析酲，起人心情。山树为盖，岩石为屏，云从栋生，水与阶平。坐而玩之者，可以濯足于床下；卧而狎之者，可以垂钓于枕上。矧又潺湲洁澈，粹冷柔滑，若俗士，若道人，眼耳之尘，心舌之垢，不待盥涤，见辄除去；潜利阴益，可胜言哉！斯所以最余杭而甲灵隐也。

——《冷泉亭记》（节录）

这一篇写杭州冷泉亭的散文。文章开头借宾陪起，以比较的方法突出主体。杭州是东南山水之最，灵隐寺是杭州之尤，而冷泉亭又甲于灵隐寺，这样就衬托出冷泉亭的地位。接着以抒情的笔调，柔美的语言，铺写了冷泉亭周围的佳丽景致。这里，客观的景物和主观的感受交融一体，创造了令人陶醉的美不胜收的境界，具体说明冷泉亭之所以“最余杭而甲灵隐”的原因，收束了上文。文章写景如画，抒情似诗，如同一篇优美动人的散文诗，读起来令人赏心悦目，神清气爽。从此也可看出，白居易的散文比肩于诗词并不逊色。

十三、千古诗名扬四海

“在唐诗的发展过程中，白居易是一位声名仅次于李白与杜甫的重要诗人。”（章培恒、骆玉明主编《中国文学史新著》中卷，第80页）白居易的诗歌在当时就震动朝野，产生强烈的社会影响。他在《与元九书》中记述：

> 凡闻仆《贺雨》诗，而众口藉藉，已谓非宜矣。闻仆《哭孔戡》诗，众面脉脉，尽不悦矣。闻《秦中吟》，则权豪贵近者相目而色变矣。闻《乐游原》寄足下诗，则执政柄者扼腕矣。闻《宿紫阁村》诗，则握军要者切齿矣。大率如此，不可遍举。

从诗人列举的这些事例看，他的许多诗都会引起社会反响：听到《贺雨》诗，因为诗中建议皇帝改善民生，人们就议论纷纷，认为不对头了。听到《哭孔戡》诗，因为诗中哀伤孔戡怀才不遇，许多当权者都板起面孔，不高兴了。听到《秦中吟》，有权有势、靠拢皇帝的人就一个个面面相觑，脸色变得铁青了。听到《登乐游园望》诗，因为诗中表达了对小人得志、直士受压的不满，把持政权的就握紧手腕，表示愤怒了。听到《宿紫阁山北村》诗，掌握军权的那些神策军头目就咬牙切齿了。上述种种情况说明，白居易诗歌的讽喻，触动了许多人的神经，在当时曾经产生过强烈的社会效应。诗歌有这样的社会效应，在中国历史上恐怕是绝无仅有的。

白居易的诗歌当时已广泛流传，深入民间，被人们视为精神财富。白居易《与元九书》中记述：

> 日者又闻亲友间说：礼、吏部举选人，多以仆私试赋判传为准的。其余诗句，亦往往在人口中。仆恧然自愧，不之信也。及再来长安，又闻有军使高霞寓者，欲聘倡妓。妓大夸曰："我诵得白学士《长恨歌》，岂同他妓哉？"由是增价。又足下书云：到通州日，见江馆柱间有题仆诗者，复何人哉？……自长安抵江西，三四千里，凡乡校、佛寺、逆旅、行舟之中，往往有题仆诗者。士庶、僧徒、孀妇、处女之口，每每有咏仆诗者。此诚雕虫之戏，不足为多也。然今时俗所重，正在此耳。

元稹《白氏长庆集序》记述：

> 予始与乐天同校秘书之名，多以诗章相赠答。会予谴掾江陵，乐天犹在翰林，寄余百韵律诗及杂体，前后数十章。是后各佐江、通，复相酬寄。巴蜀江楚间洎长安中少年，递相仿效，竞作新词，自谓"元和诗"。而乐天《秦中吟》《贺雨》讽谕等篇，时人罕能知者。然而二十年间，禁省、观寺、邮堠墙壁之上无不书，王公妾妇、牛童马走之口无不道。至于缮写模勒，炫卖于市井，或持之以交酒茗者，处处皆是。扬、越间多作书模勒乐天及予杂诗，卖于市肆中也。其甚者，有至于盗名姓，苟求自售，杂乱间厕，无可奈何！余于平水市中，镜湖傍草市名。见村校诸童竞习诗，召而问之，皆对曰："先生教我乐天、微之诗。"固亦不知予之为微之也。又鸡林贾人求市颇切，自云："本国宰相每以百金换一篇。其甚伪者，宰相辄能辨别之。"自

篇章以来，未有如是流传之广者。

根据白居易、元稹耳闻目睹的事实，可见白居易诗在当时流传之广。白居易从长安到江西，沿途三四千里看到，凡学校、佛寺、旅店、舟船之中，往往有题写他的诗，士庶、僧侣、寡妇、处女的口里，往往有吟诵他的诗。这已经成为一种时尚。元稹看到，二十年间，皇宫禁地、道观佛寺、邮亭馆舍的墙壁上，没有不题书白居易的诗，王公的贵妇小妾、放牛牧马的童仆的口中，没有不吟诵白居易的诗，村校学生也在学习白居易和他的诗。唐宣宗《吊白居易》诗云："童子解吟长恨曲，胡儿能唱琵琶篇。"一点也没有夸张。白居易诗成为当时人们追逐的时尚，因而身价倍增。于是到处可见有人缮写模刻白居易诗卷叫卖于街市，有人拿元白诗稿去抵酒债与茶钱，有人甚至盗用姓名，将自己的诗作混杂其中出售。"鸡林"（新罗旧称）商人也从事这种买卖，还说："本国宰相，每以百金换诗一篇，其甚伪者，辄能辨之。"另外，在长安还有这样的奇闻：有一个名叫高霞寓的军官，想买某个妓女，那个妓女自夸道："我能够吟诵白学士的《长恨歌》，难道和其他妓女一样吗？"因此抬高了身价。从此也可看出白居易的诗歌在当时社会的影响力。

胡震亨《唐音癸签》卷二五云："唐诗人生素享名之盛，无如白香山。初疑元相白集序所载未尽实。后阅《丰年录》：开成中，物价至贱，村路卖魚肉者，俗人买以胡绡半尺，士大夫买以乐天诗。则所云交酒茗，信有之。又从《酉阳杂俎》得札青事，有刺乐天诗意于身，诧白舍人行诗图者，是又人体肤且为所涅矣，岂但疥墙壁已哉！"白居易诗竟可以当货币在村路上买魚肉，还有人用白居易诗意图纹身炫耀自己，这种现象说明，白居易诗在当时深入人心，已影响到社会习俗与时尚。

就诗坛而言，"白诗的影响在唐代便包含两方面，一方面他的感伤诗、杂律诗等，为人所喜爱，元、白唱和诗为后进竞相仿效，号为‘元和体’；另一方面，他与元稹以及张籍、李绅等人的乐府讽喻诗创作，在元和初期曾一度达到高潮，其后虽未能继续，但对中晚唐诗坛仍产生了持久影响”（谢思炜选注《白居易诗选》前言）。

诗歌发展到元和时期，诗坛出现了一种新气象。白居易说：“诗到元和体变新。”（《余思未尽加为六韵重寄微之》）自注云：“众称元、白为千字律诗，或号元和格。”元稹在《白氏长庆集序》中说，他在江陵和通州期间，白居易和他相互酬唱寄赠百韵律诗及杂体，“巴蜀江楚间洎长安中少年，递相仿效，竞作新词，自谓‘元和诗’”。可见所谓元和体，当时主要指长篇排律和杂体诗。它是在白居易与元稹唱和诗作的影响下形成的，唱和之风也随之兴盛起来。同时代人李肇在《国史补》卷下中说：“元和以后，为文笔……学浅切于白居易，学淫靡于元稹，俱名为元和体。”那是从诗歌风格的角度对元和体的界定，也说明白居易的诗歌不仅影响流行诗体而且也影响一代诗风。宋代严羽在《沧浪诗话》中论诗体，也认为元和体是指以元、白为代表的诗风而言。现代学者朱金城对于元和体的影响做了更为明确的论述：“盛唐是唐代诗歌的黄金时代，但天宝以后逐渐出现程式化的倾向‘诗到元和体变新’（《余思未尽加为六韵重寄微之》），至白居易、元稹时代，才又突破樊篱，形成大变。白居易在继承上，虽然吸收了如陶潜、韦应物的所谓‘闲适’的一面，另外又继承了如陈子昂、杜甫等旨在‘讽谕’的一面，但他并不是纯粹蹈袭前人的老路，确实做到了能变能新，开创了所谓‘元和体’，使当时的诗坛继承盛唐而再盛，出现了又一个新的局面。”（朱金城《白居易集笺校》前言）

白居易浅切通俗的诗风，对后世的影响很大。历来学习白居易的人很多："世称白傅文行比造化之功，盖后之学者，若群鸟之宗凤凰，百川之朝沧海也。"（陶谷：《龙门重修白乐天影堂记》）"晚唐五代出现了一大批诗风宗白的诗人，覆盖面之广、影响之持久远胜于同一时期宗温、李或宗姚、贾者。其中韦庄、杜荀鹤、罗隐、贯休、齐己、徐铉等诗人，分别为蜀中、吴国、中朝、南唐等地的诗坛领袖，在他们周围又有众多诗友和追随者。五代人宋后、徐铉、李昉等人继续在诗坛上发挥影响，形成宋初的所谓'白体'诗风，并出现了王禹偁这样作为文坛主盟者的白体诗人。……从五代到宋初，'白体'（又称香山体、白乐天体）是延续时间最久、具有主导性的一种诗体。……直到杨亿、刘筠的西昆体和欧阳修、梅尧臣等人的诗文革新先后扫荡诗坛之后，白体的流行才告一段落。此后'杜诗韩文'逐渐成为宋人模仿的经典。按照宋人新的诗学标准，白诗不断遭到贬抑和指责。但即便如此，白居易本人对两宋乃至后代诗人的影响，仍然无所不在，在唐代诗人中也仅次于杜甫，而不输于韩愈、李商隐等人。"（谢思炜校注《白居易诗集校注》前言）以白居易为先导的古典诗歌通俗化，是历史潮流的必然趋势，适应大众的口味需求，自然是川流不息、代有传人的。

白居易创作了大量讽喻乐府诗，而且将这些诗以"新乐府"的名目标出，造成了很大的影响，形成了一批诗人卷入新乐府的写作，促进了中唐诗歌的繁荣，使一度被冷落的唐代诗坛又出现中兴局面。这种新乐府的创作高潮，虽没有形成一些文学史著作中所说"新乐府运动"，也未能继续发展下去，但对中晚唐诗坛及后代都产生了持久的影响。李商隐在大和以后创作了一些政治讽喻诗，成为继白居易之后的又一政论诗大家。唐末诗坛出现了一些批判现实的作品，如聂夷中、皮日休、杜荀鹤等人反映民生疾苦、抨击社会败象的乐府诗，都是与白居易的影响分不开的。据宋人钱易《南部新书》记载，五代时期“四明人胡抱章作拟白氏讽谏五十首，亦行于东南，然其词甚平。后孟蜀末杨士达亦撰五十篇，颇讽时事”。后蜀何光远《鉴诫录》中也收入了不少这样的作品。讽喻精神在宋初王禹偁等人的诗歌创作中再次得到提倡，并在其后的诗文革新中通过梅尧臣等人得到进一步发扬。宋代及宋以后写作讽喻时事新乐府者不曾断绝，明清之际及清末这样的作品更是多见。白居易以后，讽喻诗在文人创作成了一种传统，几乎所有有思想、有作为的诗人都有这方面的诗作。

白居易的闲适诗对文人诗歌创作的影响更持久、更深入。后代文人士大夫喜爱白居易闲适诗的人很多，写作这类诗者也代不乏人。闲适诗大都描写日常生活，抒写闲情逸致，是一种日常生活情趣诗。由于生活境遇的近似和精神境界的吻合，闲适诗实际上成为宋代以后多数诗人主要的创作内容。在各家诗集中，这一类作品汗牛充栋。连宋代大诗人苏轼、陆游都写了许多这一类诗，明显受到白居易的影响。

苏轼，字子瞻，号东坡居士。他因为仰慕白居易的为人及其诗作，而自号东坡。周必大《二老堂诗话》云：“白乐天为忠州刺史，有《东坡种花》二诗。又有《步东坡》诗云：‘朝上东坡步，夕上东坡步。东坡何所爱，爱此新成树。’本朝苏文忠公不轻许可，独敬爱乐天，屡形诗篇。盖其文章皆主辞达，而忠厚好施，刚直尽言，与人有情，于物无著，大略相似。谪居黄州，始号东坡，其原必起于乐天忠州之作也。”苏轼贬到黄州时，把一块山坡荒地命名为东坡，并且自号东坡居士，都与仰慕白居易分不开。苏东坡也曾经表明自己诗作与白居易的相承关系：“出处依稀似乐天，敢将衰朽较前贤。”（《去杭州》）他的诗词，特别是日常生活情趣诗，颇得白乐天的风神韵味。如他被贬谪为黄州团练副使时写的《初到黄州》一诗：“自笑平生为口忙，老来事业转荒唐。长江绕郭知鱼美，好竹连山觉笋香。逐客不妨员外置，诗人例作水曹郎。只惭无补丝毫事，尚费官家压酒囊。”与白居易失意时的某些诗作风神极其相似。又如他贬谪岭南时写的《定风波（常羡人间琢玉郎）》词：“试问岭南应不好，却道，此心安处是吾乡。”显然受白居易《种桃杏》诗句“无论海角与天涯，大抵心安即是家”的影响，不仅随遇而安、旷达乐观的思想一脉相承，而且词句也脱胎于白诗。再如《海棠》诗：“只恐夜深花睡去，高烧银烛照红妆。”与白居易《惜牡丹花》诗“明朝风起应吹尽，夜惜衰红把火看”两句，诗意与句法都有明显的承袭关系。

陆游，字务观，自号放翁。他是著名的爱国诗人，也写过大量的闲适诗，明显受到白居易的影响。他很喜欢白居易的诗，曾毫不讳言：“闭门谁共处，枕藉乐天诗。”他的闲居诗，与白居易一样，善于从日常生活中发现诗材，从琐细事物中捕捉诗意。许多日日常遇之事，处处常见之景，一经他描写，就极富情趣。如抒写书斋中的逸情别致：“小楼一夜听风雨，深巷明朝卖杏花。”（《临安春雨初霁》）描写酒后神情醉态：“醉倒村路儿扶归，瞠儿不识问是谁。”（《醉歌》）陆游许多诗的语言简练自然，明白如话，显然与白居易诗风有一脉相承之处。两人诗意、文辞相承的地方也不少，如陆游《题庵壁诗》：“身并猿鹤为三口，家托烟波作四邻。”明显化用白居易《解苏州日自喜》诗“身兼妻子共三口，鹤与琴书共一船。”陆游《筑诗》：“生来不啜猩猩酒，老去那营燕燕巢。”则化用白居易《感兴诗》：“樽前诱得猩猩血，幕上偷安燕燕窠。”

到明代万历年间，袁宗道、袁宏道、袁中道三兄弟倡导独抒性灵、清新俊逸的公安体，也直接尊崇白居易为导师。袁宗道自名其斋为“白苏雅斋”，就表明其对白居易、苏轼的崇拜。

到清代，查慎行、赵翼、翁方纲等人，也十分推崇白居易的诗。翁方纲曰："白公五古，上接陶，下开苏、陆。七古乐府，则独辟町畦。其钩心斗角、接榫合缝处，殆于无法不备。"（《石洲诗话》卷二）对白居易诗的成就及其影响的评价，可谓恰到好处。

白居易主要用于叙事的"长庆体"歌行，被韦庄以至清代吴伟业等诗人继续运用于叙事诗创作。白居易的《长恨歌》《琵琶行》两首叙事诗，不但在当时不胫而走，传遍天下，乃至妇孺皆知，而且对后代文学也有显著的影响，成为宋以后小说、戏曲一再改编重写的题材来源。如元代杂剧《梧桐雨》《青衫泪》，清代传奇《长生殿》《四弦秋》，都是分别取材于这两首诗而演绎成为戏剧的。

白居易还是一位具有世界影响的古代诗人。他的诗歌在当时的一些邻近的国家和民族中，也曾得到相当普遍的流传。据元稹《白氏长庆集序》，白居易的诗集在长庆之前就已传入到"鸡林"（新罗旧称）。白居易晚年在《白氏集后记》中提到他的文集传到了日本、新罗。据李商隐《白公墓碑铭》记载，白居易诗文还曾传到"日南"（今越南）。今存敦煌石窟遗存的文献中，有《新乐府》唐人抄本。在新疆东南部塔克拉玛干沙漠的米兰古城废墟里出土的中世纪文物中，有《卖炭翁》诗歌的残片。在残片末端有"坎曼尔元和十五年抄"一行九个字，坎曼尔是土耳其血统的回纥族人。敦煌遗存的抄本和米兰古城出土的残片，大概都是白居易诗通过古丝绸之路外传过程中的遗留物。晚唐有《白氏讽谏》单行抄本，而后曾传入契丹。明代陈继儒《太平清话》记载："白居易讽谏诗，契丹主亲以本国字译出，诏番臣读之。"种种资料表明，白居易的诗早就远播国外，流传到世界各地。

白居易诗文在日本更为盛传，对日本文学的影响尤为重大。据日本文献记载，白居易诗早在长庆前就已传入日本，至唐末，白氏的全集本与别集本、合集本至少传入六七种之多。日本现存白氏文集的刊本和古抄本就有数十种。白居易作品传入日本之后，得到上层社会和下层社会人士的广泛喜爱，习读和仿作白诗蔚然成风。当时的日本嵯峨天皇就曾经抄写过许多白居易的诗，藏之秘府，暗自吟诵。诗人定家作歌，就往往用白氏诗意。《和汉朗咏集》一书十卷中，引白氏诗句，达 138 条之多。和歌受白诗影响的，有津阪孝绰的《夜航余话》。著名的长篇小说《源氏物语》，在创作构思上也受到白居易作品的影响。白居易对日本文学的影响源远流长，一直持续到近代。白居易的《八月十五夜禁中独直对月忆元九》《香炉峰下新卜山居草堂初成偶题东壁》等诗，还被选入当代日本中学"国语综合"的教材中，在青少年中广为传播。在日本学术界，历来有许多研究白居易的学者，产生了许多研究白居易的著作和论文，就现代学者花房英树一人，就有《白氏文集批判性研究》《白居易研究》《白居易（评传）》《译注白乐天》等多种著述。近二十年来日本还出版有《白居易研究年报》。

白居易名声远播海外一千多年之久，是我国古代不多见的一位长期享有国际声誉的诗人。

参考书目

谢思炜校注：《白居易诗集校注》，中华书局，2006 年。

谢思炜校注：《白居易文集校注》，中华书局，2011 年。

朱金城笺校：《白居易集笺校》，上海古籍出版社，1988 年。

王汝弼选注：《白居易选集》，上海古籍出版社，1980 年。

顾肇仓、周汝昌选注：《白居易诗选》，作家出版社，1962 年。

霍松林：《白居易诗译析》，黑龙江人民出版社，1981 年。

谢思炜选注：《白居易诗选》，中华书局，2016 年。

汤华泉注评：《白居易诗选》，中州古籍出版社，2014 年。

严杰编选：《白居易集》，凤凰出版社，2018 年。

王志清撰：《白居易诗选》，商务印书馆，2016 年。

马玮主编：《白居易诗歌赏析》，商务印书馆，2017 年。

刘学锴撰：《唐诗选注评鉴》，中州古籍出版社，2019 年。

张国举主编：《唐诗精华注译评》，长春出版社，2010 年。

萧涤非等撰写：《唐诗鉴赏辞典》，上海辞书出版社，1983 年。

周啸天主编：《唐诗鉴赏辞典》，商务印书馆，2012 年。

陈友琴编：《古典文学研究资料汇编：白居易卷》，中华书局，1962 年。

陈寅恪撰：《元白诗笺证稿》，中华书局，1959 年。

朱金城：《白居易年谱》，上海古籍出版社，1962 年。

王拾遗编著：《白居易生活系年》，宁夏人民出版社，1981 年。

苏仲翔：《白居易传论》，古典文学出版社，1957 年。

褚斌杰：《白居易评传》，人民文学出版社，1980 年。

王拾遗：《白居易传》，陕西人民出版社，1983 年。

〔日〕花房英树：《白居易》，社会科学文献出版社，1991 年。

朱金城：《白居易研究》，陕西人民出版社，1987 年。

曾广开：《元和诗论》，辽海出版社，1997 年。

章培恒、骆玉明主编：《中国文学史新著》，复旦大学出版社、上海文艺出版总社，2007 年。

沈松勤、胡可先、陶然：《唐诗研究》，浙江大学出版社，2011 年。

薛天纬：《唐代歌行论》，人民文学出版社，2006 年。

谢思炜：《唐诗与唐史论集》，中华书局，2016 年。

王志清：《唐诗十家精讲》，商务印书馆，2013 年。

郦波：《唐诗简史》，学林出版社、上海人民出版社，2018 年。

胡秀春：《唐代叙事诗研究》，人民出版社，2013 年。

唐圭璋、潘君昭、曹济平：《唐宋词选注》，中国青年出版社，1982 年。

金涛声、陈自力选注：《历代台阁名胜记选》，广西人民出版社，1989 年。

〔后晋〕刘昫等：《旧唐书》，中华书局，1986 年。

〔宋〕欧阳修、宋祁：《新唐书》，中华书局，1986 年。

〔宋〕司马光编著：《资治通鉴》，中华书局，1982 年。

后　记

我在《中华读书报》上读到中国社会科学院文学研究所所长刘跃进的访谈录，有一段话我很有同感。他说："我们在强调学术研究专门化的同时，依然不能忘记人文社会科学的一个根本使命，那就是，社会科学要解决社会问题，人文科学要具有人文情怀，这就需要我们放下身段，去从事一些学术普及工作。"（《中华读书报》2019 年 4 月 17 日第 7 版陈青霞采写《刘跃进：古代文学研究应超越中西，无问东西》）我从 2013 年完全退休以来，主要就从事学术普及工作，倒不存在放下身段问题，而是自己年事已高，没有条件和精力从事深入的学术研究，又还可以做一点学术普及工作。这样就连续写了《李太白诗传》《杜甫诗传》《白居易诗传》，着力介绍唐代三大诗人的忧国忧民精神。前两本书出版以来，受到许多读者的欢迎，《李太白诗传》已经重印了两次，《杜甫诗传》出版后，上海《文汇读书周报》就发表了中国唐代文学学会会长、复旦大学中文系教授陈尚君的评介文章（见 2019 年 4 月 1 日该报第 2 版《讲清杜甫离开草堂的缘由》），充分肯定我的工作，书发行不到一年即已售罄，出版社通知要重印，这些都给我很大鼓舞，我感到晚年还在做一件有意义的工作。

我认为，做学术普及工作，要有实事求是的科学精神，传播扎实可信的知识。这就要做到言必有据，文必有度。所谓言必有据，就是说话要有根据，作文要以文献资料为依据。所谓文必有度，就是写文章要掌握学术分寸，不能天马行空，随意发挥。我这几年在写作过程中，除了参考前人研究成果之外，也尽可能搜集一些新出的传记来看。看了这些传记，我感到一些书名为“诗传”，有的还用更为花哨的书名，实际上都是在写小说，任意发挥，甚至胡乱编造，离古代诗人的实际生活实在太远。我们普及优秀的传统文化，目的是为了发挥文化培根铸魂的作用。这种不着边际的普及读物，对广大读者来说只会起到误导作用。

我写这三本诗传，都力求做到言必有据，文必有度。既然名为“诗传”，就要在诗歌作品的基础上为诗人立传。我在《杜甫诗传》后记中说过：“文人雅士出身的诗人，很少有惊心动魄的业绩，他们的灵魂，他们的血肉，他们的业绩，都在他们的作品中。通过对作品准确的解读，最能反映他们的真实面目。”这本《白居易诗传》，依然以“发掘诗文意蕴，再现乐天诗魂”为宗旨，以作品解读贯彻传记的始末，反映诗人的心路历程和创作历程。但是因为白居易的一些诗文较为通俗易懂，所以在解读作品时采用了译释、综述、分析、点评等灵活多样的方式。

白居易是唐代继李白、杜甫之后成就卓著、享誉国际的大诗人。在他的作品中，那种为实现济世理想而奋勇斗争的无畏精神，那种始终不渝地关心民生疾苦的仁爱情怀，那种为官清正廉洁的作风，显示出诗人难能可贵的品格。这在古代诗人中是不可多得的。此外他的作品中也流露一些消极思想，如安时顺命、知足保和、中隐避险等，表现出一个封建士大夫在遭受打击之后的软弱性。这在当时历史条件下也是难于避免的。我在诗传中并没有回避这些消极成分，作适当评介而不予铺陈展开，因为我立意要突出宣扬诗人辅君济世、忧国忧民的精神，宣扬他优秀的诗文和品行的独特风采。这是白居易千百年来为海内外读者喜爱的根本原因，也是值得我们今天学习和发扬的精神财富。

白居易思想的形成及其发展历程，均受到儒、道、释三家思想的影响。儒家思想培育了他的人生理想，是他的立身之本。老庄思想和佛教思想是他化解人生危机和调剂人生状态的精神支柱。三者在不同时期或此消彼长，或相互融合，发挥着不同的作用。日本花房英树著、王文亮等译的《白居易》一书，用多半篇幅详细论述白居易的“思想历程”，逐一考证各种思想的来龙去脉，很有参考价值。本书因定位与体例关系，只在传记的各个时期对其思想做简要评介，而不展开学术性的论证。

本书所引诗文以谢思炜撰《白居易诗集校注》和《白居易文集校注》为依据。作为雅俗共赏的读物，本书尽可能广泛吸取前人的研究成果。对前人成果一般参考引用的，列入参考书目，引用论断性原文的，另行注明出处。在此一并致以谢忱。

我在一首书怀诗中说过：“老有所为，未敢偷闲。春蚕吐丝，遗爱人间。”2013 年我完全退休之后，除了完成二百多万字的《李长吉诗补注》古籍整理工作之外，相继写了李白、杜甫、白居易三大诗人的诗传，作为雅俗共赏的读物奉献给广大读者。待这本《白居易诗传》出版以后，我打算在听取有关专家和读者的意见的基础上，对这三本诗传做适当的修订，合起来印一本《唐代三大诗人诗传》，让爱心礼物以更为理想的品相奉献给广大读者。

感谢巴蜀书社连续出版我写的李白、杜甫、白居易三本诗传，为宣扬优秀文化遗产而同心协力。感谢康丽华女士连续为拙著担任责任编辑，为保证出版质量而不辞辛劳。

金涛声

2019 年 12 月于宁波